钢轨打磨手册

中国国家铁路集团有限公司工电部　组织编写

中国铁道出版社有限公司

2024年·北　京

内容简介

本书总结了国内十余年高速、普速、重载线路钢轨打磨研究成果和打磨实践，主要包括钢轨打磨简介、钢轨打磨技术原理及钢轨病害分析、钢轨打磨列车及小型打磨机具、线路及道岔钢轨打磨、钢轨打磨验收、检测工具及使用、钢轨打磨案例等内容，以进一步推广钢轨打磨技术，满足广大技术人员学习打磨技术，提高业务水平的需要。

本书实用性强，可作为铁路技术人员钢轨管理、维护指导用书，为现场钢轨维修人员提供参考，亦可作为相关培训资料之用。

图书在版编目（CIP）数据

钢轨打磨手册/中国国家铁路集团有限公司工电部组织编写．—北京：中国铁道出版社有限公司，2020.11（2024.12 重印）

ISBN 978-7-113-27368-2

Ⅰ.①钢…　Ⅱ.①中…　Ⅲ.①钢轨-研磨机-手册　Ⅳ.①U216.65-62

中国版本图书馆 CIP 数据核字（2020）第 207330 号

书　　名：钢轨打磨手册
作　　者：中国国家铁路集团有限公司工电部

策　　划：邱金帅
责任编辑：邱金帅　　**编辑部电话：**（010）51873347
封面设计：尚明龙
责任校对：苗　丹
责任印制：赵星辰

出版发行：中国铁道出版社有限公司（100054，北京市西城区右安门西街 8 号）
网　　址：https://www.tdpress.com
印　　刷：北京盛通印刷股份有限公司
版　　次：2020 年 11 月第 1 版　2024 年 12 月第 3 次印刷
开　　本：880 mm×1 230 mm　1/32　**印张：**3.125　**字数：**75 千
书　　号：ISBN 978-7-113-27368-2
定　　价：29.00 元

前　言

我国钢轨打磨技术在广泛应用的基础上,通过多年科技攻关与自主创新,技术已日益成熟,形成了具有自主知识产权的钢轨打磨技术和相关标准。中国国家铁路集团有限公司先后颁布了《高速铁路钢轨打磨管理办法》《高速铁路钢轨与道岔大型机械打磨验收技术规范》《普速铁路钢轨打磨指导意见》《高速铁路钢轨快速打磨管理办法》等文件。钢轨打磨技术的推广应用,有效延长了钢轨使用寿命、打磨周期,节约了养护维修成本,取得了显著的经济效益和社会效益。

为进一步推广钢轨打磨技术,满足广大技术人员学习打磨技术,提高业务水平的需要,在总结国内十余年高速、普速、重载线路钢轨打磨研究成果和打磨实践基础上,中国国家铁路集团有限公司工电部组织铁科院,中国铁物,北京、上海、武汉、广州、成都、沈阳、太原、兰州局集团公司等单位编写了《钢轨打磨手册》。

《钢轨打磨手册》主要包括钢轨打磨简介、钢轨打磨技术原理及钢轨病害分析、钢轨打磨列车及小型打磨机具、线路及道岔钢轨打磨、钢轨打磨验收、检测工具及使用、钢轨打磨案例等内容，实用性强，可为技术人员钢轨管理、维护提供指导，也为现场打磨维修人员提供参考，还可作为打磨培训资料。

主　编：赵文芳

副主编：郭战伟　吴细水

主要编写人员：

第一章：郭战伟（中国国家铁路集团有限公司工电部）

张晓阳（中国国家铁路集团有限公司工电部）

刘丙强（中国国家铁路集团有限公司工电部）

第二章：王军平（中铁物总运维科技有限公司）

田常海（中国铁道科学研究院集团有限公司）

第三章：王可刚（中国铁路成都局集团有限公司）

刘　毅（中国铁路北京局集团有限公司）

石瑞喜（中国铁路北京局集团有限公司）

岳　峥（中国铁路兰州局集团有限公司）

熊伶俐（中国铁路武汉局集团有限公司）

毛少虎（中国铁路广州局集团有限公司）

第四章：俞　喆（中国铁道科学研究院集团有限公司）

李金良（中铁物总运维科技有限公司）

张海峰（中国铁路哈尔滨局集团有限公司）

吴　军（中国铁路成都局集团有限公司）

第五章：王军平（中铁物总运维科技有限公司）

张　金（中国铁道科学研究院集团有限公司）

魏　刚（中国铁路太原局集团有限公司）

王旭华(中国铁路济南局集团有限公司)

第六章:马德礼(中铁物总运维科技有限公司)

田常海(中国铁道科学研究院集团有限公司)

徐凤生(中国铁路上海局集团有限公司)

龚新斌(中国铁路上海局集团有限公司)

第七章:田常海(中国铁道科学研究院集团有限公司)

李应平(中铁物总运维科技有限公司)

第八章:刘丰收(中国铁道科学研究院集团有限公司)

杨　君(中国铁路北京局集团有限公司)

王永华(中国铁路上海局集团有限公司)

王兴明(中国铁路济南局集团有限公司)

刘　涛(中国铁路武汉局集团有限公司)

第九章:蒋　俊(中铁物总运维科技有限公司)

黄泰斌(中国铁路成都局集团有限公司)

张新义(中国铁路沈阳局集团有限公司)

张华兴(中国铁路沈阳局集团有限公司)

令狐勇生(中国铁路太原局集团有限公司)

徐春山(中国铁路南昌局集团有限公司)

主　审:吕关仁

主要审定人员:沈　钢　刘兴平　黄传岳　徐其瑞

目　　录

第一章　钢轨打磨简介

第一节　打磨目的

钢轨打磨是线路修理工作的重要内容，是钢轨病害预防和治理的有效手段。通过打磨可以改善轮轨接触关系，预防和延缓接触疲劳、磨耗、波形磨耗(简称波磨)等钢轨病害的产生，修复或减轻轨面病害，降低钢轨折断的风险，延长轨道设备使用寿命和维修周期。

通过打磨能够解决的轨面病害主要有疲劳裂纹、剥离掉块、波磨、擦伤、硌伤、肥边、不均匀磨耗、光带不良等。另外，正线个别区段百米定尺钢轨尾端 2 m 左右平直度超标(大多数情况表现为低塌)问题也可采用钢轨打磨进行治理。

第二节　打磨分类

钢轨打磨主要包括线路钢轨打磨和道岔钢轨打磨，分为预打磨、预防性打磨和修理性打磨等。

一、预打磨

1. 定义及作用

钢轨(含岔区钢轨)预打磨是对铺设上道新钢轨的打磨，目的是去除轨面脱碳层，消除钢轨在生产、焊接、运输和施工过程中产生的表面缺陷，修正轨头廓形，改善焊接接头平顺性等。

2. 要求

(1)新建线路和成段铺设新钢轨的预打磨应在轨道精调完成后，开通运营前完成。已投入运营线路应在通过总质量10 Mt前完成预打磨。

(2)轨顶中心区域打磨深度不小于 0. 2 mm，按照设计廓形合理安排打磨模式，打磨后满足廓形等要求。

(3)线路和道岔钢轨预打磨应满足验收要求。

二、预防性打磨

1. 定义及作用

预防性打磨是对钢轨(含岔区钢轨)进行的周期性打磨，目的是修复轨头廓形，消除钢轨表面产生的微裂纹等浅层病害，改善轮轨作用关系，预防钢轨疲劳裂纹、波磨等病害的产生和发展。

2. 要求

(1)轨顶中心区域打磨深度应在消除既有病害的基础上不小于0.1 mm。

(2)预防性打磨周期按通过总质量、钢轨表面状态等确定。

(3)高速铁路原则上每30～50 Mt通过总质量进行一次钢轨预防性打磨，一般不宜超过2年。

(4)普速铁路直线及半径大于1 200 m曲线地段，一般100 Mt通过总质量打磨一次(含多遍，达到设计廓形为止)；半径小于等于1 200 m曲线地段，每30～50 Mt通过总质量打磨一次，侧磨、伤损严重地段可适当增加。条件具备时，侧磨严重的曲线地段根据接触疲劳伤损发展情况，宜每15～25 Mt通过总质量打磨一次，每次打磨量为0.2～0.3 mm。

三、修理性打磨

1. 定义及作用

修理性打磨是对已产生病害钢轨(含岔区钢轨)的打磨，目的是修正轨头廓形，消除或减缓滚动接触疲劳裂纹、波浪(波纹)磨耗及擦伤等病害。

2. 要求

(1)钢轨修理性打磨应在消除病害的同时修正轨头廓形，达到病害和廓形兼顾的目的。

(2)根据钢轨病害合理选用打磨设备，确定打磨工艺，打磨后满足目标廓形等要求。

(3)普速铁路出现波磨深度或肥边宽度超过0.3 mm等伤损时应及时进行修理性打磨。

(4)高速铁路对重复出现动车组抖车、构架横向振动加速度报警、成段光带不良、道岔钢轨鱼鳞纹深度达到0.5 mm(有刺手感)、轨道冲击响应指标超过管理值，以及钢轨病害达到整治限度地段，应及时进行修理性打磨。

(5)道岔钢轨打磨时应按照标准控制转辙区和辙叉区尖轨、心轨降低值。

第三节　打磨原则

1. 根据打磨前钢轨状态，在满足目标廓形、保证打磨深度和消除病害的前提下使打磨切削量最小。

2. 预防性打磨为主、修理性打磨为辅。

3. 按照打磨周期及时安排打磨作业。

第四节　大机打磨作业要求

一、作业前

1. 线路几何尺寸、线形线位和轨下基础等应符合相关技术标准要求。

2. 工务段应提前对打磨地段进行调查，对影响打磨作业的工务设备应先采取措施进行处理(焊接接头、钢轨接头错牙等超限处所)，并通知其他相关设备管理单位拆除影响打磨作业的设备(道口铺面、老式护轮轨、臌包夹板、5T设备、电务设备等)。

3. 工务段应向工务机械段(或大型养路机械运用检修段，下同)、打磨方案设计单位进行技术交底，提交相关技术资料、钢轨病害以及动态检测资料等。

4. 工务机械段应会同工务段及设计单位进行现场调查，并根据目标廓形、技术标准和现场调查情况由设计单位制定打磨车打磨技术方案。道岔钢轨打磨技术方案还应考虑道岔直股和曲股钢轨的磨耗，尖轨、心轨降低值等要求。

5. 工务机械段应预先进行打磨车打磨参数调整试验，确认打磨廓形达到要求后方可进行打磨。

6. 工务段应对钢轨焊接接头轨头踏面平直度进行检查。当焊接接头平直度超出 +0.5 mm/m 时，应采用仿形打磨机对焊接接头进行局部打磨，打磨后平直度应控制在 +0.1~+0.3 mm/m 范围内。钢轨焊接接头严禁使用手砂轮打磨。

7. 工务段应清除作业地段线路两侧的可燃物，落实防火措施。

8. 工务机械段应加强打磨车的检修、日常保养和运用管理，确保打磨质量以及作业、运行安全。

二、作业中

1. 雨雪天气不宜进行打磨作业。

2. 打磨车作业速度应根据打磨类型和打磨车特性确定。多遍打磨时，最后一遍应进行全覆盖打磨。

3. 打磨作业过程中应及时检查钢轨廓形、切削量、磨面宽度等技术指标，根据钢轨实测廓形与目标廓形的差异及时调整打磨参数和作业方案，确保实现目标廓形和打磨质量。

4. 工务机械段负责钢轨打磨车的消防工作，工务段负责作业地段的消防工作。

三、作业后

1. 工务机械段应及时清除打磨车打磨碎屑；工务段应及时清理线路、钢轨顶面、道岔滑床板、绝缘接头及无砟轨道上的打磨碎屑。

2. 相关设备管理单位应及时恢复作业中拆除的设备。道岔钢轨打磨作业完成后，应进行道岔扳动试验，按规定办理开通手续。

3. 打磨后工务段组织打磨质量验收及小型打磨机具作业。

第二章　钢轨打磨技术原理及钢轨病害分析

第一节　打磨技术原理

一、轮轨接触几何关系

轮轨滚动接触是机车车辆的独有特征，钢轨在轮对的滚动接触过程中不仅承受较大的载荷，还起导向等重要作用，它们之间的动态作用直接影响列车的运行安全性和轮轨系统的经济性。轮轨滚动接触是一个十分复杂的问题，其与轮轨接触表面状态、轮轨材质和轮轨相对运动状态等因素有关，更与车轮和钢轨的几何形面有关。

为避免车轮轮缘和钢轨侧面不良接触，同时便于车轮通过曲线，车轮轮缘外侧通常与钢轨内侧之间存在一定的间隙，该间隙在新轮新轨状态下一般为单侧 9 mm 左右，如图 2—1 所示。

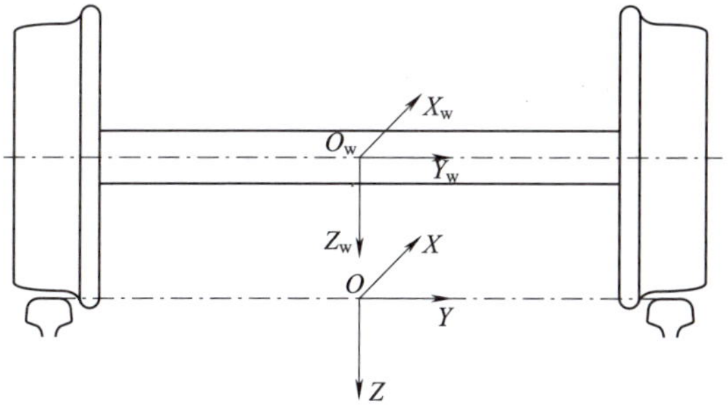

图 2—1　轮轨间隙

轮对在沿轨道运行的过程中，车轮相对轨道的位置不是固定的，而是会相对轨道中心产生横向移动和摇头运动等，如图 2—2

所示。

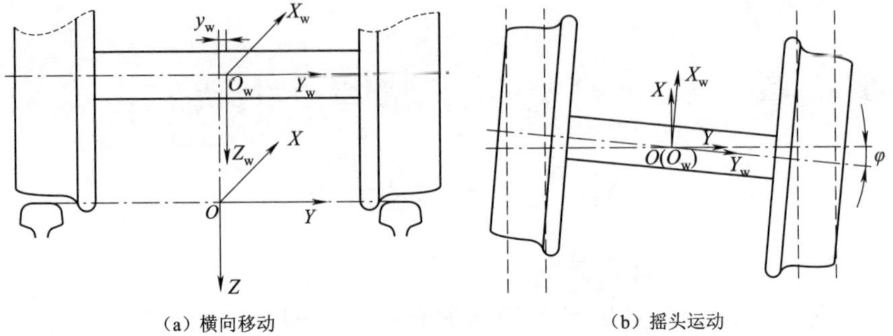

图 2—2　车轮与钢轨的相对位置

在轮对横向移动和摇头运动过程中，由于车轮和钢轨之间的接触点位置发生变化，从而对轮轨接触几何关系产生影响。轮轨接触几何关系主要包括轮轨接触位置、等效锥度和轮径差、轮轨接触斑形状和接触应力分布等。

当轮对与钢轨发生横向相对运动时，由于左右车轮上的轮轨接触点位置不同，因此轮轨接触点对应的车轮实际滚动圆半径也有所不同，从而左右车轮之间形成一个滚动圆半径差。该滚动圆半径差与轮对横移量之间存在一个函数关系，如果轮轨接触点在踏面的直线段范围内，该函数为直线，其斜率称为锥度，如果轮轨接触点范围超出踏面直线段范围，该函数不再为直线，锥度取其等效值，称之为等效锥度。

假设轮对横移量为 y_w，左右车轮的实际滚动圆半径分别为 r_L 和 r_R，轮轨等效锥度的定义为

$$\lambda = \frac{r_R - r_L}{2y_w} \tag{2—1}$$

LM 和 LM_A 磨耗型踏面与标准 60 kg/m 钢轨匹配时的等效锥度如图 2—3 所示。

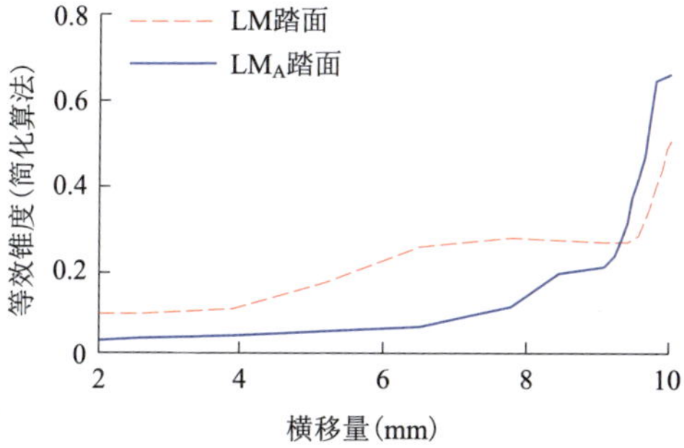

图 2—3　标准 60 kg/m 钢轨等效锥度

等效锥度是评价轮轨接触几何状态的重要指标，直接决定铁道车辆的运行安全性和曲线通过性能。不同的列车运行速度，对等效锥度的设计值和实际运用容许值不同。一般理想的情况是：直线上等效锥度较小，满足车辆运行稳定性要求；曲线上轮轨等效锥度较大，有利于车辆曲线通过性能的提高。要实现这个目标，对直线和曲线地段钢轨廓形进行个性化设计和打磨是很有必要的。

二、轮轨接触应力关系

在轮轨垂向力作用下，车轮与钢轨材料在接触位置发生变形，形成一个接触区域，称之为接触斑，如图 2—4 所示。轮轨接触斑形状取决于轮轨形面、轮轨垂向作用力和轮轨材料特性。

考虑到车轮与钢轨形面的具体情况，通常认为轮轨接触属于赫兹接触，即两个弹性体之间的接触斑形状是一个椭圆，一般约一个硬币大小。除了赫兹接触算法以外，目前常用的轮轨接触斑计算方法有边界元法和有限元法等，也可以采用超声等试验方法对轮轨接触斑形状进行测量。

通常情况下，接触斑面积越大，接触应力越小，反之相反，因此在设计钢轨打磨目标廓形时需要考虑通过增加接触斑面积来减小接触应力，进而延缓接触疲劳的出现。

三、轮轨蠕滑关系

蠕滑是指具有弹性的钢质车轮在有弹性的钢轨上滚动时，在车轮和钢轨接触面之间产生的一种极为复杂的物理现象。具体是指：由于车轮和钢轨之间存在微小的滑动，从而使轮轨接触斑内给定点位置上的轮轨材料之间产生的相对速度差，即车轮在钢轨上运行时出现“连滚带滑”的现象。

轮轨蠕滑是一种微观物理现象，轮轨之间微小的滑动都会导致蠕滑的出现。由于蠕滑的存在，使轮轨接触斑内既有黏着区又有滑动区，如图 2—5 所示。在黏着区，轮轨材料之间处于纯滚动状态，而在滑动区，轮轨材料之间处于纯滑动状态。根据轮轨材料的磨耗机理，在接触斑内只有滑动区有轮轨材料磨耗的发生。

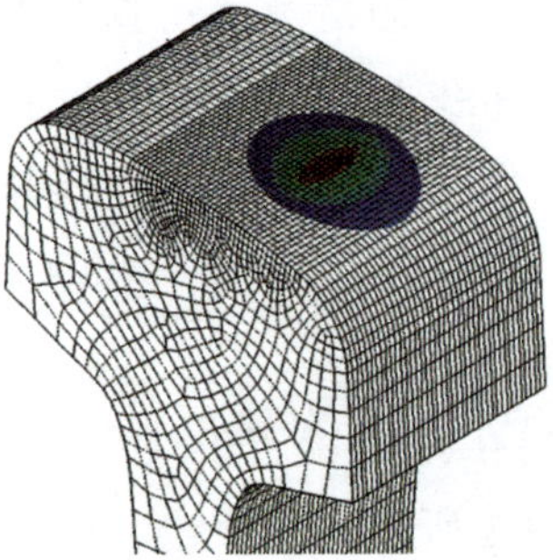

图 2—4　钢轨接触斑示意

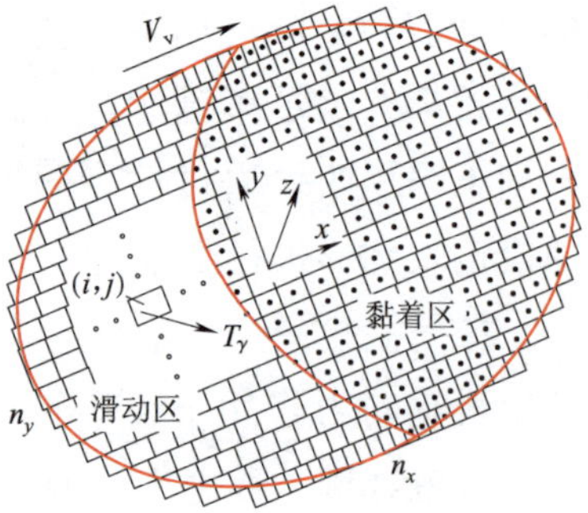

图 2—5　钢轨接触斑滑动-黏着示意

在有蠕滑的条件下，轮轨蠕滑力是由于车轮和钢轨材料在接触斑内的应变不同所引起的。当车轮和钢轨之间有相对运动或相对运动趋势时，接触斑平面内的应变使轮轨之间产生一个切向力，该切向力称之为蠕滑力。

第二节　钢轨病害打磨

一、滚动接触疲劳

滚动接触疲劳病害是轮轨接触应力反复作用，接触应力超过钢轨材料弹性极限时，钢轨表面材料会产生塑性变形，形成冷作硬化，轨面材料的冷作硬化使轮轨接触趋于稳定，但在车轮的反复碾压下，靠近表面材料产生具有棘轮效应的塑性累积变形，当这种变形达到材料的韧性极限时，在材料表面或次表面形成疲劳裂纹。钢轨滚动接触疲劳通常和钢轨磨耗同时发生，可根据裂纹长度、深度，剥离掉块长度、宽度及深度来描述钢轨滚动接触疲劳伤损的程度。

钢轨疲劳伤损根据严重程度大致可分为微裂纹、轻微剥离裂纹、严重剥离裂纹或剥离掉块等 3 个阶段，剥离裂纹根据形状又常见鱼鳞状和斜线状，鱼鳞状剥离裂纹在小半径曲线钢轨分布较多，常见于钢轨作用边，疲劳裂纹一般与行车方向成 15°~60°角，裂纹间距为 6~12 mm，斜线状剥离裂纹通常分布在走行动车组的大半径曲线或直线上。微裂纹为剥离裂纹的初期阶段，钢轨表面裂纹肉眼可见，如图 2—6 所示；轻微剥离裂纹略有刺手感，局部有微小掉块，如图 2—7所示；严重剥离裂纹和掉块是剥离裂纹进一步发展的结果，此时对于鱼鳞状剥离裂纹钢轨表面已出现明显掉块现象，如图 2—8 所示，道岔区疲劳伤损如图 2—9 ~ 图 2—11 所示。而对于斜线状剥离裂纹则已经发展为暗斑或转成横向核伤，出现局部凹陷和疲劳断裂，如图 2—12 所示。

图 2—6 微裂纹

图 2—7　轻微剥离裂纹(鱼鳞状)

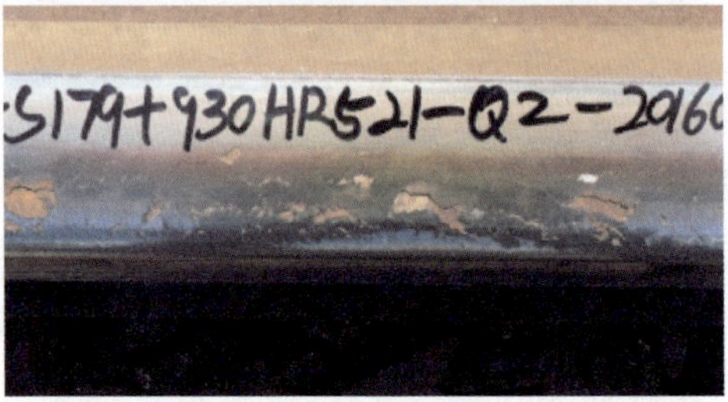

图 2—8　剥离掉块

图 2—9　道岔尖轨轻微剥离裂纹

图 2—10　道岔尖轨剥离掉块

图 2—11　道岔辙叉剥离掉块

图 2—12　斜线状剥离裂纹(局部凹陷)

1. 危害

钢轨表面滚动接触疲劳病害如果不及时进行整治，会进一步发展，产生剥离掉块，严重时可能导致断轨，尤其对道岔轨件寿命影响较大。鱼鳞状剥离裂纹和剥离掉块还会影响钢轨探伤质量。

2. 测量及评价

现场调查时可根据裂纹或剥离掉块情况初步判断其严重程度，分为肉眼可见微裂纹、轻微掉块和严重掉块等。可采用涡流探伤设备测量裂纹深度；剥离掉块可采用深度计测量深度，采用钢板尺测量长度和宽度。根据钢轨轻伤和重伤标准确定伤损情况。

3. 打磨方法及标准

可通过预防性打磨延缓和控制裂纹的产生、发展，当出现鱼鳞状剥离裂纹和剥离掉块时，应及时安排打磨(铣磨)。高速铁路应全部消除疲劳裂纹病害，普速铁路应消除剥离掉块。打磨时打磨量根据实测钢轨与目标廓形的偏差量和疲劳伤损打磨深度确定，直线和曲线下股钢轨重点打磨轨顶面(-10°~+20°)范围，之后覆盖轨顶面(角度范围一般为-10°~+45°)，曲线上股一般应优先修正钢轨廓形至目标廓形，然后采用全覆盖(角度范围一般为-10°~+45°)打磨的方式消除轨面的疲劳伤损。

二、波　　磨

钢轨波磨是指钢轨上道服役过程中，在钢轨表面上(纵向面)出现的有一定规律的周期性波浪形不平顺，通常和钢轨磨耗同时出现，有时还会伴随滚动接触疲劳等病害。钢轨波磨的成因较为复杂，一般认为，波磨的产生与轮轨蠕滑，轨道弹性、刚度，线路几何参数等有一定关系。根据产生原理不同，通常可分为塑性变形型波磨和磨损型波磨，塑性变形型是车轮受到外界激励振动时，轮轨之间接触应力波动使轨面产生不均匀塑形变形形成的波磨，磨损型是由轮轨间黏滑振动造成的轨面不均匀磨耗形成的波磨。

波磨通常表现为钢轨顶面光带宽窄交替，如图2—13和图2—14所示。通常根据波长和峰谷值进行描述，波长指相邻两个波峰之间的纵向距离，峰谷值指相邻波峰和波谷间的垂直距离。波磨根据波长可分为短波波磨(波长100 mm以下)、中波波磨(波长100~300 mm)和长波波磨(波长大于300 mm)。当波磨发展到一定程度时会伴随有车辆异常抖动、有砟轨道轨枕端道砟翻白、螺栓弹条松动、胶垫窜出等现象，甚至在波磨地段出现弹条断裂等问题。

图2—13　长波波磨

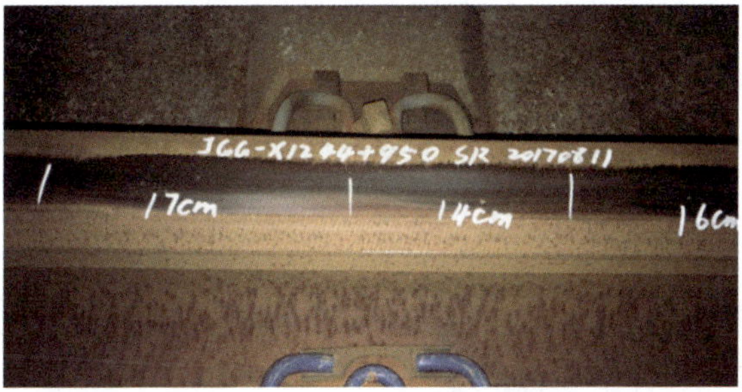

图 2—14　中波波磨

1. 危害

钢轨波磨会恶化轮轨接触关系，增加轮轨相互作用力。如果不及时对钢轨波磨进行整治，可能会导致轨道动态不平顺超标、钢轨伤损、扣件断裂、道砟粉化、道床板结、车辆滚动噪声加剧等问题。

2. 测量及评价

针对经常出现波磨的地段，新钢轨上道后需定期进行预防性打磨，预防钢轨波磨的出现和恶化。检查发现轨面光带宽窄不均匀时，应采用波磨仪或电子平直尺，也可采用直尺＋塞尺简易测量波磨波长和谷深。采用电子平直尺、直尺＋塞尺、固定量程波磨仪（非移动式）测量时，应找准波磨位置，仪器（测量尺）首尾端应避开波峰或波谷，放置在波磨幅值为“0”的位置，以提高测量结果的准确性。根据钢轨轻伤和重伤标准确定伤损情况。

3. 打磨方法及标准

通过实施周期性的钢轨打磨（铣磨），可消除或控制钢轨波磨的产生和发展。打磨时在保证目标廓形的基础上采用全轨面覆盖（角度范围一般为 $-10°\sim+45°$）打磨的方式进行打磨。

（1）普速铁路：波长 300 mm 以内的波磨可通过钢轨打磨进行整治，打磨深度一般不小于谷深值 +0.2 mm；波长大于 300 mm 的波磨，可进行铣磨，铣磨深度不小于谷深值 +0.1 mm，铣磨后再通过打磨将钢轨廓形修正至目标廓形。

(2)高速铁路：钢轨表面有周期性波磨且平均谷深超过0.04 mm(车载检测)或最大谷深达到0.08 mm(手工检测)，波长不大于300 mm时应进行整治。波磨钢轨整治后，应符合表2—1验收标准。

表2—1 波磨钢轨打磨验收标准

项目	验收标准				测量方法	说明
波长(mm)	10～30	30～100	100～300	300～1 000		
采用窗长度(mm)	600	600	1 000	1 500		
谷深平均值(mm)	0.02	0.02	0.03	0.15	测试精度0.01 mm及以上，且测试长度不小于采用窗长度	打磨作业完成后8天内或在打磨后通过总质量0.3 Mt之前测量
允许超限百分率	5%	5%	5%	5%	连续测量打磨波磨钢轨长度100 m(车载检测)或30 m(手工检测)	

三、钢轨侧磨

钢轨侧磨是车轮轮缘与钢轨内侧相互作用的结果，侧磨速率与钢轨材质、曲线半径、超高、轨底坡、轮轨接触关系等因素有关，常见于小半径曲线上股钢轨、道岔曲尖轨，个别直线地段钢轨也存在侧磨或交替侧磨现象，小半径曲线上股钢轨侧磨速率大小往往对钢轨使用寿命有决定性作用。钢轨侧磨通常表现为轨距角磨损，伴随出现滚动接触疲劳等现象，同时钢轨光带偏向钢轨轨距角侧，轨底常见磨耗产生的铁屑，如图2—15所示。

曲线侧磨：车辆通过曲线时，在离心力的作用下，车辆会偏向曲线外侧，带动转向架和车轮向曲线上股偏移，当偏移量较大时，车轮轮缘将与钢轨内侧发生接触，形成轨顶和轨侧两点接触，如图2—16所示，此时，在轨侧接触区内会出现轮缘相对钢轨的滑动，造成钢轨侧磨。

图 2—15　钢轨侧磨及轨底铁屑

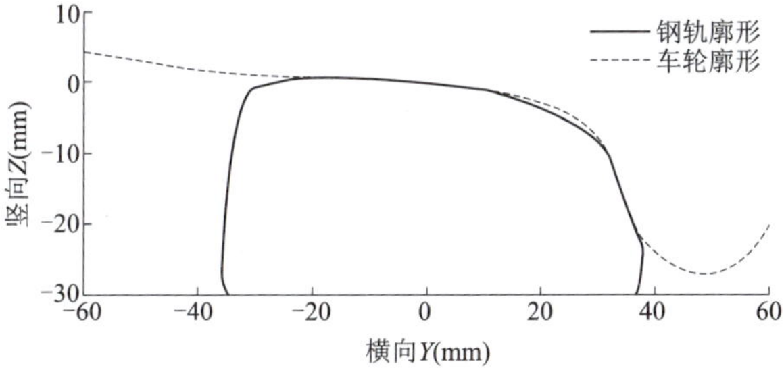

图 2—16　轮轨两点接触示意

直线侧磨：直线钢轨交替侧磨主要由车辆蛇行运动引起，易出现在货运线路上；直线钢轨非交替侧磨主要由车轮凹磨、轮对左右名义滚动半径差、转向架定位误差等引起。

1. 危害

钢轨侧磨速率过大会大幅减少钢轨使用寿命，同时会增加车轮轮缘磨耗速率，缩短车轮镟轮周期。

2. 测量及评价

采用廓形仪、磨耗测量尺进行钢轨磨耗测量。采用廓形仪测量时需测量完整轨头廓形，经与标准钢轨廓形对比后计算钢轨侧磨量，采用磨耗测量尺时可直接通过度数读取钢轨侧磨量。按照钢轨头部磨耗轻伤、重伤标准确定伤损情况。

3. 打磨方法及标准

通过优化钢轨廓形改善轮轨接触关系，结合轨侧润滑、轨顶摩擦控制等，可降低侧磨的发展速率。打磨时打磨量通过实测钢轨与目标廓形的对比计算，首先重点打磨钢轨顶面外侧，角度范围一般为-10°~0°，其次对于存在疲劳伤损等病害的钢轨，采用全轨面覆盖，角度范围一般为-10°~+45°。打磨的方式采用对钢轨内外侧同时进行打磨，在保证廓形的基础上去除内侧疲劳伤损等病害，全断面打磨深度根据内侧钢轨病害情况或计算打磨量确定，一般不宜小于0.2 mm。

四、肥　边

肥边是钢轨表面材料因轮轨相互作用产生塑性流动，向两侧挤出的现象，轮轨接触关系不良会导致横向蠕滑力增加、轮轨切向应力增大，当轮轨切向接触应力超过钢轨塑性极限时，钢轨材料就会产生塑性流动形成肥边，通常会伴随滚动接触疲劳等病害。肥边的产生与钢轨材质、曲线半径、轮轨接触关系等因素有关，常见于普速铁路和重载铁路的直线内侧、曲线上股内侧及曲线下股两侧。

肥边通常表现为钢轨内侧或外侧金属挤出形成鼓包，如图2—17(肥边宽度1.3 mm，距轨顶以下10 mm)所示，同时伴随出现滚动接触疲劳，常见有微裂纹、鱼鳞状剥离裂纹、剥离掉块等现象，如图2—18所示。

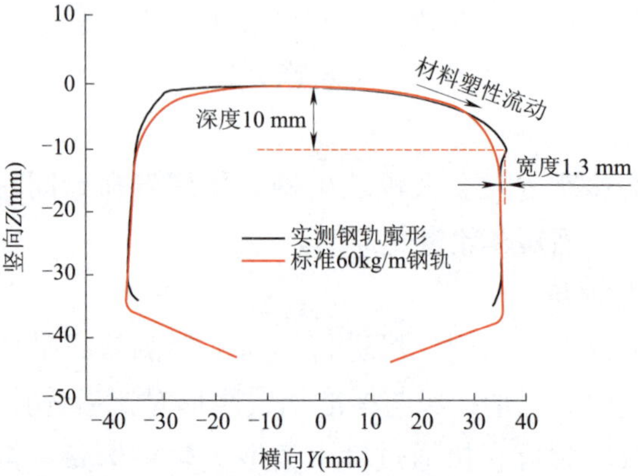

图2—17　肥边示意

图 2—18　曲线上股肥边（伴随出现鱼鳞状剥离裂纹和剥离掉块）

1. 危害

在轮轨力作用下，肥边将会继续发展，可能会出现大范围脱落，甚至诱发核伤，如图 2—19 所示。

图 2—19　曲线下股肥边

2. 测量及评价

钢轨肥边可采用钢板尺或者廓形仪对肥边宽度和垂直磨耗量进行测量，按照钢轨病害整治限度要求进行评价并安排整修。

3. 打磨方法及标准

通过优化钢轨廓形，改善轮轨接触关系可减缓肥边的产生。打磨时首先重点打磨钢轨肥边侧，对于钢轨内侧肥边，可采用打磨列车（铣磨车）、小型打磨机具进行整治，打磨角度一般为 30°~60°。

对于钢轨外侧肥边，由于打磨列车外侧打磨角度有限，建议采用小型打磨机进行整治，打磨时应保证消除肥边和肥边位置伴随出现的疲劳伤损；应按照目标廓形进行打磨，以保持良好的轮轨接触关系，打磨量根据实测廓形与目标廓形对比确定。

五、钢轨擦伤

钢轨擦伤的本质是钢轨表层金属发生组织转变，在一定通过总质量后会发展为剥离掉块，严重时导致断轨。擦伤的产生与机车、动车或自轮运转设备的起动和制动有关，机车车辆在起动和制动时，车轮与钢轨相对滑动产生高温，使钢轨表层达到相变温度，快速冷却后形成马氏体组织，产生擦伤。擦伤主要分为起动擦伤和制动擦伤。

起动擦伤：机车、动车或自轮运转设备等起动造成擦伤时，在左右股钢轨顶面出现成对椭圆形、深度大于0.5 mm擦痕凹坑，擦痕间距约等于轴距，如图2—20所示。

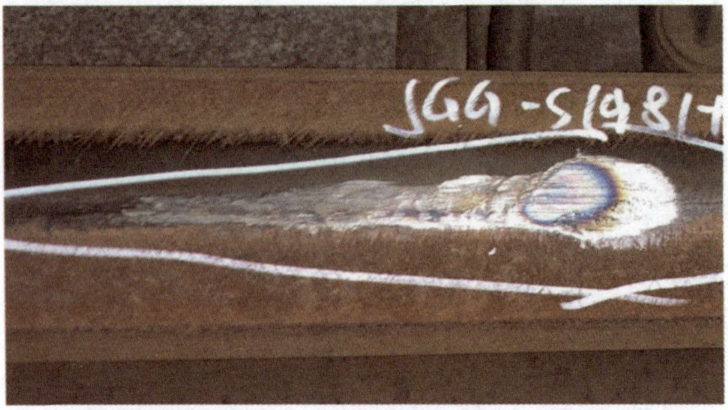

图2—20　起动擦伤

制动擦伤：列车制动在钢轨踏面造成擦伤时，形成连续条带擦痕或表层局部剥落，擦伤层均为马氏体白层，如图2—21所示。

1. 危害

擦伤如果未及时处理，会逐渐发展成剥离掉块，严重时导致断轨，对行车安全和秩序造成影响，日常维护也增加了检查、更换的工作量。

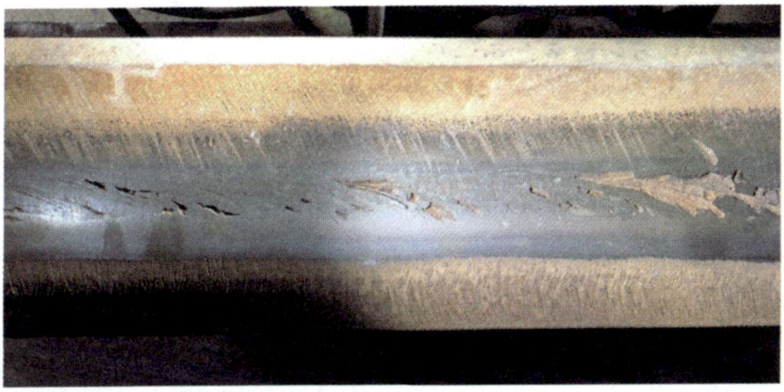

图 2—21　制动擦伤

2. 测量及评价

擦伤的确定可使用便携式硬度计或丙酮等方法检测，使用便携式硬度计时，当测量硬度大于 550 HB 可判定测量区域存在擦伤。擦伤深度可使用深度计进行简易测量，实际擦伤深度要大于深度计测量深度；擦伤部位钢轨廓形可采用钢轨轮廓测量仪进行测量。根据钢轨轻伤和重伤标准确定伤损情况。

3. 打磨方法及标准

机车、动车或自轮运转设备等起动造成钢轨擦伤时，应及时更换钢轨；其他钢轨擦伤可使用打磨或铣磨进行整治。

(1) 钢轨擦伤深度 0.5 mm 以下时，可均匀打磨擦伤钢轨。

(2) 钢轨擦伤深度 0.5 ~ 1 mm 时，应左右股同时均匀打磨或铣磨钢轨。

(3) 钢轨擦伤深度达到 1 mm 及以上时，应更换钢轨或左右股同时铣磨钢轨。

(4) 擦伤钢轨打磨后轨面硬度与邻近母材硬度差不大于 50 HB。

(5) 打磨后，打磨范围内钢轨同一断面处，打磨前后轮廓差值(深度)不超过 1 mm。

(6) 打磨范围长度，单侧不小于打磨深度的 5 000 倍。

当擦伤深度不大于0.5 mm时，应在钢轨大型打磨机具打磨前，进行人工仿形打磨，打磨时应采用便携式硬度计对擦伤部位的硬度进行检测。打磨范围内钢轨轨冠饱满度、平直度应满足《高速铁路用钢轨》(TB/T 3276)要求。人工打磨后不满足上述要求时，应在打磨前按规定进行更换。一股钢轨打磨深度大于0.5 mm时，应对另一股钢轨同步进行对称打磨。

六、钢轨硌伤

钢轨硌伤是钢轨表面由于异物压入而形成具有一定深度压痕的一种现象，常见于高速铁路。造成钢轨硌伤的异物大多为轨道遗留物(如螺丝、水泥钉、垫圈等)、轮轨表面剥离掉块的剥落物、机车或动车掉落物(如机车或动车由于振动掉落的金属零件)等。高速铁路钢轨硌伤时有发生，对行车安全和秩序造成影响。

硌伤通常具有一定的规则形状，一般与压入异物形状一致，同时其边缘较为尖锐，有硌手感，如图2—22～图2—25所示。硌伤具有周期性，一般每2.8～3 m(与车轮直径有关)出现一处，随着行车方向，硌伤的压痕越来越浅，直至消失。

1. 危害

硌伤会导致钢轨表面机械冷伤，产生局部应力集中，随着列车的碾压，应力集中处极易萌生裂纹，造成钢轨伤损。

图2—22　钢轨外来异物硌伤

图 2—23　含 Cr 元素外来异物引起的 U71MnG 钢轨硌伤

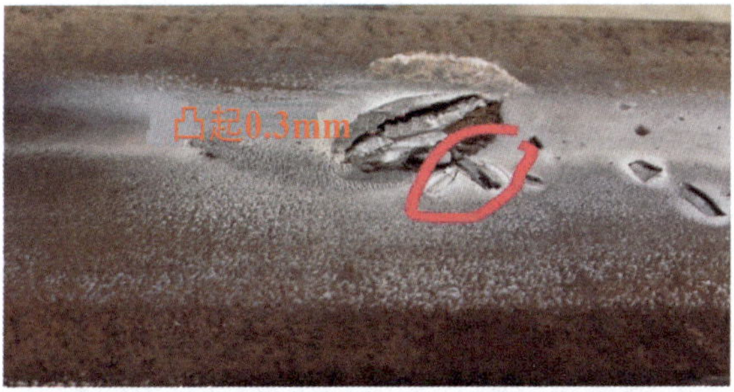

图 2—24　钢轨擦伤剥离掉块局部凸起引起钢轨硌伤

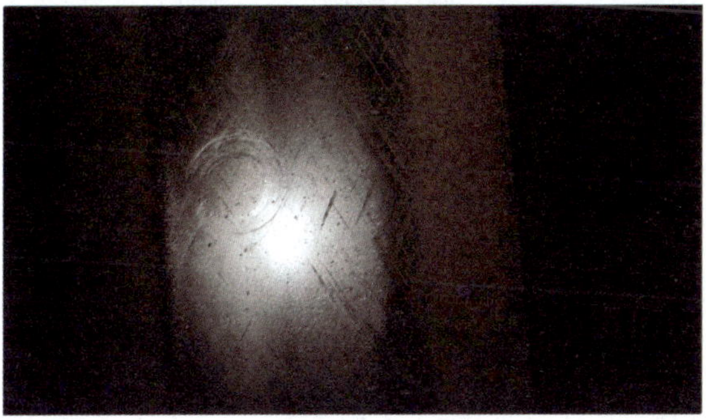

图 2—25　垫圈引起钢轨硌伤

2. 测量及评价

目测可以发现硌伤，使用板尺测量硌伤尺寸，使用深度计测量硌伤深度。

3. 打磨方法及标准

(1)线路钢轨硌伤使用打磨列车或小型打磨机具整治，道岔钢轨硌伤使用道岔钢轨打磨车或小型打磨机具整治。

(2)钢轨硌伤深度1.5 mm及以上时应铣磨或换轨。

(3)钢轨硌伤深度0.5~1.5 mm时应打磨或铣磨消除；钢轨硌伤深度0.5 mm以下时，打磨后硌伤深度应控制在0.3 mm以内。

(4)打磨范围长度，单侧不小于打磨深度的5 000倍。

(5)硌伤打磨过程中可使用涡流探伤仪探测硌伤残留深度。

打磨范围内钢轨轨冠饱满度、平直度应满足《高速铁路用钢轨》(TB/T 3276)要求。

七、引起动车组异常振动的廓形不良

动车组出现异常振动时通常表现为构架或车体的振动加速度超过限值或偏大，且伴有一定抖动或晃动的现象，发生抖车或晃车现象时，人体添乘感觉明显。动车组异常振动包括构架横向振动加速度报警、抖车及车体晃车等类型，与轨道几何尺寸、轮轨匹配关系和动车组转向架刚度等因素有关。动车组构架横向振动加速度报警主要由于等效锥度过大导致转向架蛇行加剧，进而引起构架产生谐波振动，当加速度幅值超过构架端部传感器报警限值时会引起动车组自停或降速；动车组车体异常抖动主要由于等效锥度过大且转向架蛇行运动频率与车体某一较低阶弹性模态共振引起；动车组晃车主要由于接触等效锥度过小且转向架蛇行运动频率与车体某一固有频率共振引起。

1. 危害

动车组构架横向振动加速度报警可引起动车组自停或降速，抖车及车体晃车会影响列车运行平稳性和旅客乘车舒适度。

2. 测量及评价

当动车组发生构架横向振动加速度报警、抖车或晃车时，应检查车轮、钢轨廓形，校验轮轨匹配等效锥度，检查钢轨廓形偏差一致性和对称性，核查车辆悬挂系统工作状态等。

3. 打磨方法及标准

检查车轮、钢轨廓形，优化和改善轮轨接触关系可有效治理动车组异常振动。对于由于钢轨廓形不良引起的动车组异常振动区段，应进行详尽地廓形调查，并根据调查结果安排钢轨廓形设计及打磨，打磨后应保证钢轨廓形接近或达到目标廓形。

第三章　钢轨打磨列车及小型打磨机具

我国使用的线路和道岔钢轨打磨设备主要有钢轨打磨列车、道岔打磨车、钢轨铣磨车、小型打磨机具等。

第一节　钢轨打磨列车

钢轨打磨列车主要有 GMC-96$_{X}$ 型、GMC-96$_{B}$ 型、PGM-48 型、GMC-48$_{JS}$ 型钢轨打磨列车及 HSG 型钢轨快速打磨车等。

GMC-96$_{X}$ 型、GMC-96$_{B}$ 型、PGM-48 型、GMC-48$_{JS}$ 型钢轨打磨列车均采用电机驱动打磨砂轮对钢轨进行打磨，如图 3—1 和图 3—2 所示，砂轮端面与钢轨轨顶面接触，通过电机带动砂轮旋转实现砂轮端面切削钢轨。

图 3—1　GMC-96$_{X}$ 型钢轨打磨列车

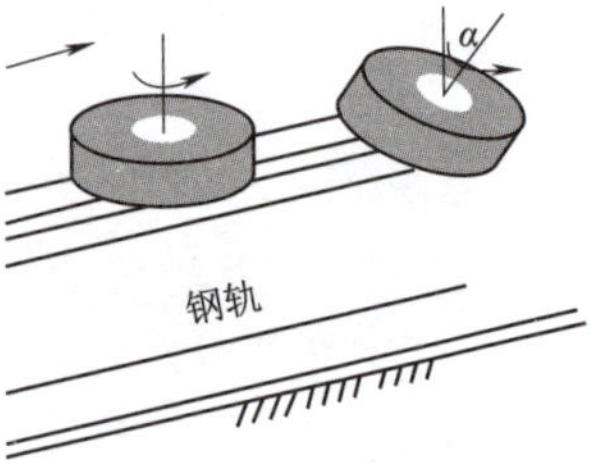

图 3—2　打磨原理

HSG 型钢轨快速打磨车属于被动式打磨车，如图 3—3 所示，砂轮圆周面与钢轨轨顶面呈一定角度接触，通过机车牵引利用砂轮本身轴承带动砂轮被动式旋转切削钢轨。

（a）快速打磨车

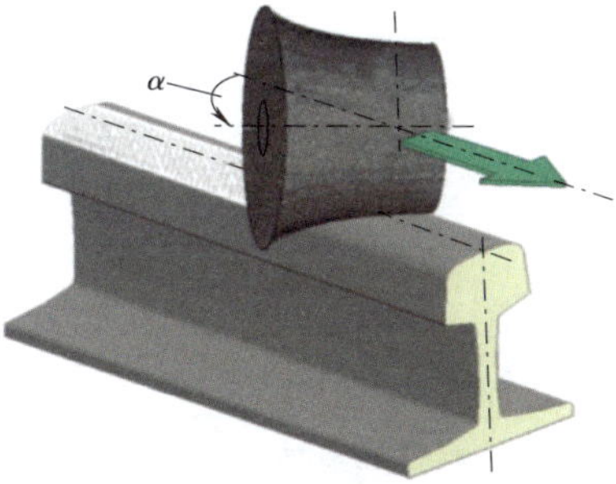

（b）打磨原理

图 3—3　HSG 型钢轨快速打磨车及打磨原理

一、GMC-96x 型钢轨打磨列车

GMC-96x 型钢轨打磨列车共由 5 节车组成，如图 3—1 所示，按顺序排列分别为1 号车、2 号车、3 号车、4 号车、5 号车。其中 1 号车和 5 号车是带有司机室，具有控制功能的作业车；2 号车和4 号车是带工具材料室的作业车；3 号车是动力车，安装有两套动力传动装置，每套动力传动装置既可以独立工作，也可以共同工作，为列车提供高速运行和低速恒速作业的牵引动力。

通过 1 号/5 号车操作，3 号车完成液压恒速调节，实现打磨作业。

GMC-96x 型钢轨打磨列车主要参数见表 3—1。

表 3—1　GMC-96x 型钢轨打磨列车性能及参数

序号	名　　称	性能及参数
1	磨头数量	每侧 48 个
2	打磨速度	可调范围 3 ~ 24 km/h，控制精度 ±0.5 km/h 速度低于 3 km/h 时，打磨头自动脱离轨面
3	打磨电机功率	22 kW
4	打磨角度	−70° ~ +20°

续上表

序号	名　称	性能及参数
5	纵向轨面打磨精度	300 mm、1 000 mm 范围最大幅值分别为 0.03 mm 和 0.15 mm
6	打磨后钢轨表面粗糙度	小于 *Ra*10，不得有连续或过度发蓝
7	最小作业曲线半径	180 m
8	线路最大坡度	30‰

二、GMC-96B 型钢轨打磨列车

GMC-96B 型钢轨打磨列车共由 7 节车组成，如图 3—4 所示，按顺序排列分别为 B1 车、C1 车、A 车、C2 车、C3 车、C4 车、B2 车。其中 B1 车和 B2 车是带有司机室，具有控制功能的作业车；C1 ~ C4 车是不带司机室的作业车，其中打磨单元分为特殊单元和一般单元；A 车为动力车，提供列车的牵引动力，实现列车"运行"和"作业"双工况的牵引。

图 3—4　GMC-96B 型钢轨打磨列车

通过 B 车操作及 PLC 控制监控，完成低恒速合齿机构合齿后，再进行恒速调节，实现打磨作业。

GMC-96B 型钢轨打磨列车主要参数见表 3—2。

表 3—2　GMC-96B 型钢轨打磨列车性能及参数

序号	名　　称	性能及参数
1	磨头数量	每侧 48 个
2	打磨速度	可调范围 3 ~ 15 km/h 速度低于 3 km/h 时，打磨头自动脱离轨面
3	打磨电机功率	18.5 kW
4	打磨角度	−70° ~ +15°
5	纵向轨面打磨精度	300 mm、1 000 mm 范围最大幅值分别为 0.03 mm 和 0.15 mm
6	打磨后钢轨表面粗糙度	小于 *Ra*10，不得有连续或过度发蓝
7	最小作业曲线半径	250 m
8	线路最大坡度	30 ‰
9	控制方式	通过电流控制

三、钢轨快速打磨车

HSG 型钢轨快速打磨车由打磨主车和辅车组成，如图 3—3 所示，由于自身不带动力，作业时需要配备牵引机车。打磨主车负责打磨、集尘等方面工作，有 4 个作业单元，每个作业单元有 24 个打磨砂轮。打磨辅车负责提供打磨车控制系统电力及物料的存放。

HSG 型钢轨快速打磨车主要参数见表 3—3。

表 3—3　HSG 型钢轨快速打磨车性能及参数

序号	名　　称	性能及参数
1	磨头数量	96 个
2	打磨速度	可调范围 60 ~ 80 km/h
3	打磨后钢轨表面粗糙度	小于 *Ra*9
4	最小作业曲线半径	150 m
5	线路最大坡度	取决于牵引机车
6	所需牵引机车功率	大于 1 500 kW

四、PGM-48 型钢轨打磨列车

PGM-48 型钢轨打磨列车共由 3 节车组成，如图 3—5 所示，按顺序排列分别为 1 号车、2 号车、3 号车。其中 1 号车和 3 号车是带有司机室，具有控制功能的作业车；2 号车是不带司机室的作业车。1 号车和 3 号车是动力车，提供列车的牵引动力，实现列车“运行”和“作业”双工况的牵引。

图 3—5　PGM-48 型钢轨打磨列车

通过 1 号车和 3 号车操作及模块控制监控，形成闭环控制系统完成车辆恒速调节，实现打磨作业。

PGM-48 型钢轨打磨列车主要参数见表 3—4。

表 3—4　PGM-48 型钢轨打磨列车性能及参数

序号	名　称	性能及参数
1	磨头数量	每侧 24 个
2	打磨速度	可调范围 3 ~ 24 km/h 速度低于 3 km/h 时，打磨头自动脱离轨面
3	打磨电机功率	22 kW
4	打磨角度	可横移的 −50° ~ +45°；不可横移的 −45° ~ +30°
5	纵向轨面打磨精度	300 mm、1 000 mm 范围最大幅值分别为 0.03 mm 和 0.15 mm
6	打磨后钢轨表面粗糙度	小于 *Ra*10，不得有连续或过度发蓝
7	最小作业曲线半径	180 m
8	线路最大坡度	30 ‰

五、GMC-48JS 型钢轨打磨列车

GMC-48JS 型钢轨打磨列车由 3 节车组成，如图 3—6 所示，按顺序排列分别为 1 号车、2 号车、3 号车。1 号车和 3 号车为作业车，分别设置有一套 1 141 kW 柴油发电机组，车架下方设置有一套由 3 组8 磨头打磨小车构成的打磨装置。位于中部的 2 号车为动力车，其内主要设置有交流电传动系统，为整车走行提供动力。

图 3—6 GMC-48JS 型钢轨打磨列车

GMC-48JS 型钢轨打磨列车配备有柴油发电机组和接触网两种动力源，采用交-直-交传动型式，既可在有电区作业，也可在无电区作业，两种动力源之间可实现无缝转换。在接触网供电的情况下特别适合长大隧道和高海拔地区作业，可消除因内燃机车自身燃油系统排放的污染物和发动机过热、随海拔增高功率下降等问题，提高作业效率、降低燃料成本、减少碳排放，因此也称作高原打磨车。

GMC-48JS 型钢轨打磨列车主要参数见表 3—5。

表 3—5 GMC-48JS 型钢轨打磨列车性能及参数

序号	名　　称	性能及参数
1	打磨速度	可调范围 2 ~ 16 km/h
2	打磨角度	−70° ~ +25°
3	作业打磨深度	不小于 0.2 mm/遍(7 km/h 作业速度)
4	打磨后钢轨表面粗糙度	小于 *Ra*10
5	最小作业曲线半径	180 m
6	线路最大坡度	33‰
7	作业海拔高度	使用接触网动力源最高海拔 4 100 m

第二节　道岔打磨车

道岔打磨车主要有CMC-20（RGH20C）型，切削原理与线路钢轨打磨列车基本相同，主要用于道岔钢轨打磨，也可用于线路钢轨打磨或擦伤、剥离裂纹、剥离掉块、波磨、硌伤等轨顶面病害的整治。

CMC-20（RGH20C）型道岔打磨车采用液压马达驱动，每个打磨头为一个独立的打磨单元，全车共有20个打磨头，分配在两个打磨小车上，每个打磨头都有独立的角度和横移控制功能，实现不同角度和横移的调整，以满足道岔钢轨打磨过程中不同位置打磨时调整的需要，如图3—7所示。

图3—7　CMC-20（RGH20C）型道岔打磨车

CMC-20（RGH20C）型道岔打磨车主要参数见表3—6。

表3—6　CMC-20（RGH20C）型道岔打磨车性能及参数

序号	名　　称	性能及参数
1	磨头数量	每侧2个"蝶形"砂轮，8个"杯形"砂轮
2	打磨速度	可调范围2～16 km/h
3	打磨马达功率	17 kW
4	打磨角度	−45°～+75°，−75°～+45°
5	纵向轨面打磨精度	300 mm、1 000 mm范围最大幅值分别为0.03 mm和0.15 mm
6	打磨后钢轨表面粗糙度	小于*Ra*10，不得有连续或过度发蓝
7	最小作业曲线半径	180 m
8	线路最大坡度	30‰

第三节　钢轨铣磨车

钢轨铣磨车主要有 SF03 型，如图 3—8 所示，主要用于钢轨顶面严重的剥离裂纹、剥离掉块、波磨、肥边等病害的整治。SF03 型钢轨铣磨车全长 25 m，重 120 t，2 个三轴转向架，自行速度为 100 km/h，其主要作业装置由 2 个铣削单元和 1 个打磨单元组成，分别配置铣削刀盘和打磨砂轮。钢轨铣磨作业包括钢轨铣削和钢轨打磨两大作业程序。

图 3—8　SF03 型钢轨铣磨车

利用圆周铣削技术，通过铣削刀盘轴向旋转，由镶嵌在刀盘圆周面上的铣刀对钢轨顶面、轨距角和外侧角同时进行铣削加工，消除钢轨表面伤损，铣磨车为单向作业。

SF03 型钢轨铣磨车主要参数见表 3—7。

表 3—7　SF03 型钢轨铣磨车性能及参数

序号	名　　称	性能及参数
1	铣磨速度	可调范围 0.6 ~ 1.5 km/h
2	作业切削深度	0.3 ~ 1.5 mm，轨距角最大 5.0 mm
3	标准廓面	60 kg/m 钢轨和 60N 钢轨标准廓形
4	最小作业曲线半径	180 m
5	线路最大坡度	30‰

第四节　钢轨小型打磨机具

钢轨小型打磨机具(以下统称小机)主要有内燃垂直打磨机、内燃道岔打磨机、钢轨精磨机、角向磨光机等。各种小机性能及参数见表3—8。

表3—8　各种小机性能及参考参数

名　称	用　　途	性能参数
内燃垂直打磨机	钢轨、尖轨、心轨、翼轨、整铸辙叉心任意部位廓形的切线式打磨	打磨角度：−20°~+80° 最大功率/转速：5 kW，4 100 r/min 砂轮水平/行程：200 mm/180 mm 外形尺寸：2 435 mm×1 090 mm×1 045 mm 质量：130 kg
内燃道岔打磨机	钢轨内侧打磨	打磨角度：小于−30°，大于+30° 最大功率/转速：5.1 kW，3 600 r/min 砂轮水平/行程：200 mm/180 mm 外形尺寸：2 400 mm×1 100 mm×1 080 mm 质量：100 kg
钢　轨精磨机	从垂直方向起左右翻转±90°，连续打磨钢轨的轨顶和轨侧	打磨角度：−20°~+80° 最大功率/转速：5.1 kW，3 600 r/min 砂轮水平/行程：200 mm/180 mm 外形尺寸：1 700 mm×640 mm×880 mm 质量：99 kg
角　向磨光机	磨石起落刀位置的打磨	工作电压：18 V 转速：8 000 r/min 外形尺寸：400 mm×125 mm×125 mm 质量：2.2 kg

第四章　线路钢轨打磨

第一节　高 速 铁 路

一、目标廓形

我国高速铁路动车组使用的车轮踏面主要有 LM_A、LM_B、LM_C、LM_D 和 LM_B-10 等，型号较多，轮轨关系复杂。为适应多种车轮踏面，进一步改善轮轨关系，经过多年深入研究轮轨关系和打磨实践，提出了 60N 等高速铁路线路和道岔钢轨打磨目标廓形，初步建立了高速铁路钢轨打磨技术体系，具体要求如下：

1. 钢轨打磨前应根据调查数据进行廓形设计，并按目标廓形打磨，同一线路钢轨打磨的目标廓形原则上应保持一致。

2. 铺设 60 kg/m 钢轨且允许运行除动车组以外客车的区段，以及铺设 60N 钢轨的区段，钢轨打磨的目标廓形可采用 60N 或个性化设计廓形，如图 4—1 所示。

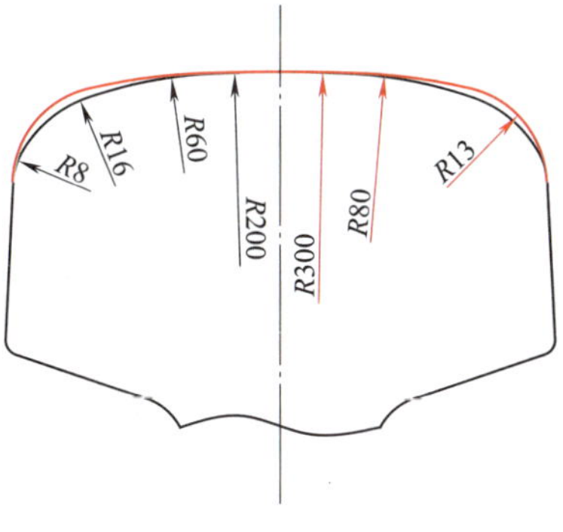

图 4—1　60N 钢轨轨头廓形与 60 kg/m 钢轨轨头廓形对比

注：黑线为60N 钢轨轨头廓形，红线为 60 kg/m 钢轨轨头廓形。

二、打磨基本要求

1. 加强打磨施工方案设计，在钢轨打磨方案中，详细制定打磨工艺流程，一次打磨量不得太大，且要合理设计打磨过渡廓形。

2. 各阶段打磨方案确定后应召开设备管理单位、方案设计单位、施工单位等多方参加的方案对接会，确定打磨方案无误，打磨后钢轨廓形不出现明显恶化时方可作业。

3. 打磨作业后需及时回检打磨廓形，每天打磨后及时验收，确认廓形满足要求后开通线路，避免在打磨施工阶段出现抖车。

4. 打磨施工期间，每天加强添乘，发现晃车、抖车及时进行现场复核，查明原因，采取整改措施。

5. 道岔与线路钢轨廓形一致性达到要求。

道岔(尖轨、心轨 50 mm 及以下断面除外)和线路钢轨廓形应保持一致，钢轨纵向廓形变化率在轨面 -20 ~ +30 mm 范围内(轨顶中心为 0 点，+表示内侧，下同)法向最大偏差值不得大于 0.3 mm/500 m (抽检)。

(1)加强道岔与线路结合部打磨。道岔钢轨打磨范围应包括道岔两端各 300 m 及以上线路，打磨方案调查和设计时应包括两端线路。

(2)道岔钢轨打磨一般应按 1 站 2 区间上报作业计划，保证打磨车可以越过信号机打磨至规定范围。

(3)道岔钢轨打磨收车点一般应在道岔两端 300 m 以外，最后一遍打磨应安排覆盖全轨面的贯通打磨。

(4)打磨后表面平顺性较差的位置需安排小机打磨，提高平顺性。

6. 直线区段和道岔直向钢轨左右股廓形对称达到要求。

直线区段和道岔直向钢轨(尖轨、心轨 50 mm 及以下断面、尖轨尖端至尖前 5 m 及基本轨刨切范围除外)左右股廓形应满足对称性要求。左右股廓形在轨面 -20 ~ +30 mm 范围内法向最大偏差值不得大于 0.3 mm(抽检)，廓形检查和打磨验收要严格控制左右股钢轨廓形不对称，发现超过标准时应及时安排打磨，确保左右股钢轨廓形对称。

7. 新建、改建高速铁路钢轨打磨验收应满足一致性和对称性要求。

第二节 普速铁路

一、目标廓形

我国普速铁路的运行工况较为复杂，不同线路运行车型、速度、线路条件等不尽相同，轮轨接触状态、磨耗速率、病害形式等存在一定差异。为了控制钢轨病害发展、延长钢轨使用寿命，应充分考虑线路运行车辆车轮状态、车辆通过速度、线路基本条件等因素，分析轮轨接触关系，进行钢轨廓形设计。

二、钢轨打磨实施流程

钢轨打磨基本流程分为线路调查、制定打磨方案、技术交底、打磨方案实施、打磨验收、打磨后观测及分析等流程。

（一）线路调查

1. 实施打磨前，对廓形打磨的线路进行现场廓形测量及钢轨状态调查。调查前收集廓形、打磨线路基础数据，如车辆类型、列车数量、曲线资料、钢轨上道时间、通过总质量、钢轨病害等，根据基础数据制定线路调查计划。一般应调查全部线路，困难条件下可进行抽样调查，线路调查长度不小于计划打磨线路长度的10%。

2. 抽样调查原则：根据曲线半径、钢轨换轨年份、打磨历史、钢轨状态进行分类调查。

3. 测量点确定：

（1）曲线必须在曲线的圆曲线内取点，以曲中点为佳，对于缓和曲线上或圆缓/缓圆点处磨耗或病害严重的曲线要对相应位置进行测量。

(2)夹直线须选取大于300 m的直线，需在距离缓直(或圆直)点至少150 m处取点。

(3)测量点必须以线路标志等固定建筑物为参照点，如公里标、百米标、曲中标等。

(二)制定打磨方案

1. 目标廓形

(1)普速线路打磨以“改善轮轨关系，延长钢轨使用寿命”为目标。

(2)打磨实施前，应合理设计钢轨廓形。

2. 打磨技术方案

打磨技术方案应包括打磨电流(或功率、功率百分比)、速度、角度等，在长大隧道、坡道等特殊区段，应制定针对性的方案措施。

(三)打磨方案实施

1. 打磨实施前，应进行技术交底，将打磨方案的设计思路、各项打磨参数、打磨作业中需重点注意的问题等具体情况与各方详细阐述、充分沟通。

2. 打磨作业前，应提前处理钢轨焊接接头(偏差值控制在+0.1～+0.3 mm/m范围内)、钢轨接头错牙等超限处所，清除作业地段及两侧可燃物，落实防火措施。

3. 打磨过程中，应重点盯控打磨参数输入是否正确，模式切换是否准确，打磨车磨头状态是否良好。保证打磨过程中正确切换模式，特别是曲线的上、下股，保证打磨技术方案能够准确无误执行。

(四)打磨验收

1. 打磨作业完成后，相关单位应及时巡查作业地段，清理道床及钢轨表面的肥边碎块、打磨碎屑和积渣等。相关设备管理单位应及时恢复施工中拆除的设备，确认开通条件，按规定办理开通手续。

2. 及时对打磨区段进行验收。

（五）打磨后观测及分析

线路在验收合格后，应建立观测点，定期进行测量跟踪。为便于观测，定期观测点宜相对集中，记录打磨前后钢轨状态、采集钢轨廓形，建立钢轨观测台账，做好观测数据的存档。

第五章　道岔钢轨打磨

第一节　打 磨 方 式

道岔钢轨打磨可分为大机(指道岔打磨车，下同)为主和小机为主两种方式，大机为主的方式是主要使用道岔打磨车打磨道岔，大机打磨受限区域使用小机辅助打磨；小机为主的方式是使用小机打磨整组道岔。

道岔预打磨或预防性打磨主要采用以大机为主的方式，道岔修理性打磨可采用小机为主的方式，打磨要求可参照线路钢轨打磨。

第二节　打磨工艺要求

1. 打磨车砂轮起落点位置应准确，误差不得超过 500 mm。

2. 大机打磨受限区域。

(1)尖轨区域：尖轨非工作边距基本轨工作边 100 mm 处与尖轨尖端之间，如图 5—1 所示。

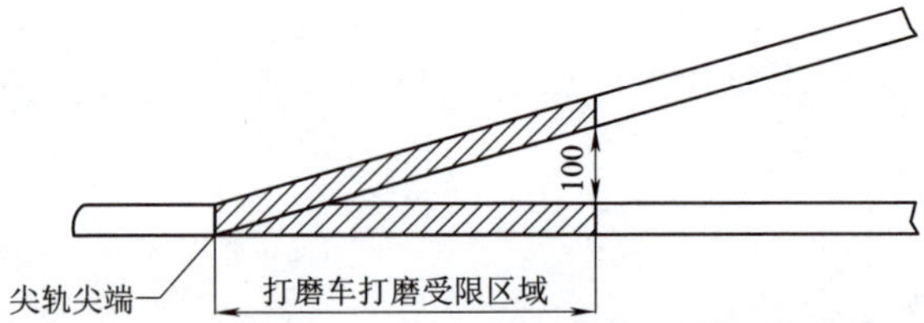

图 5—1　打磨车在尖轨打磨受限区域(单位：mm)

(2)可动心轨区域：长短心轨非工作边间距 100 mm 处与可动心轨尖端前 50 mm 处之间，如图 5—2(a)所示。

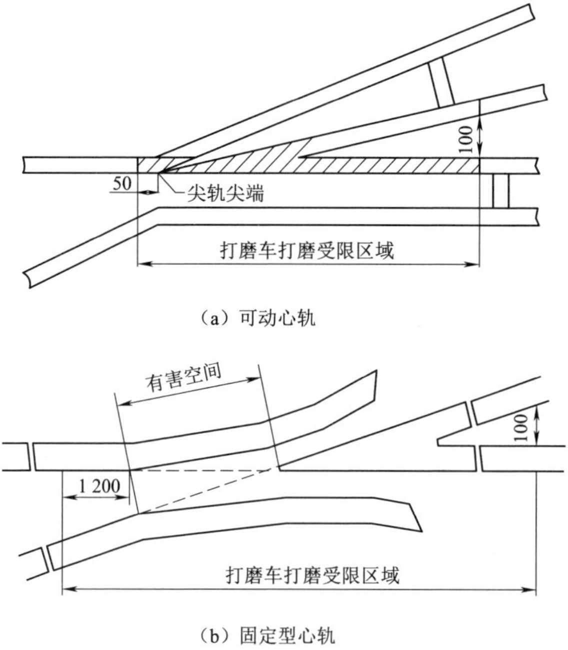

图 5—2　打磨车在心轨打磨受限区域(单位：mm)

(3)固定型心轨区域：心轨非工作边间距 100 mm 处与有害空间前约 1 200 mm 处之间，如图 5—2(b)所示。

上述区域的钢轨内侧(0°以上区域)可由大机打磨；钢轨外侧可采用小机打磨。大机打磨尖轨、可动心轨顶面宽度小于 20 mm 区域时应控制打磨角度和打磨量，以防止打伤尖轨、可动心轨。

3. 当受限区域的尖轨或可动心轨出现疲劳裂纹时应采用小机处理，且应沿线路纵向进行打磨，保证圆角光滑过渡。

4. 当受限区域因磨耗导致基本轨高于尖轨或翼轨高于可动心轨，并出现光带异常时，应按目标廓形采用小机打磨。

5. 小机打磨时不得灼伤钢轨。

6. 应采用小机对道岔尖轨非作用边进行倒圆弧处理，尖轨宽度

20~30 mm 范围，倒圆弧 $R3\sim R4$ mm；尖轨宽度 30~50 mm 范围，倒圆弧 $R4\sim R5$ mm，如图 5—3 所示。

图 5—3　小机尖轨倒圆弧示意

第三节　打磨实施流程

道岔钢轨打磨实施流程包括车轮及道岔调查、目标廓形设计、打磨方案制定、技术交底、打磨方案实施、打磨验收和打磨后观测等七个环节，部分环节实施要求如下。

一、道岔调查

（一）大机打磨非受限区调查

调查测量道岔非受限区时按岔前部分、转辙部分、连接部分、辙叉部分和岔后部分安排测量位置。每组道岔以焊缝为基准，须覆盖每一根（分段更换或状态存在差异的）钢轨的廓形及表面状态。

由于道岔有多种图号，每种图号的初始焊缝轨枕号位置不尽相同，故测量点须以岔区焊缝位置为基础，且以岔区轨枕号为参照点，在每个焊缝前后第 5 根轨枕处设置测量点，距离不足 5 根轨枕的，按实际情况设定测量点，对于病害严重的区域要记录相应轨枕号范围，并取点测量。

（二）大机打磨受限区调查

1. 组合廓形测量

采集尖轨关键断面与基本轨的组合廓形时，测量仪器应置于基本轨顶面或顶面水平线上进行测量，避免尖轨降低值带来的测量误差，如图 5—4 所示。心轨组合廓形测量参照尖轨执行。

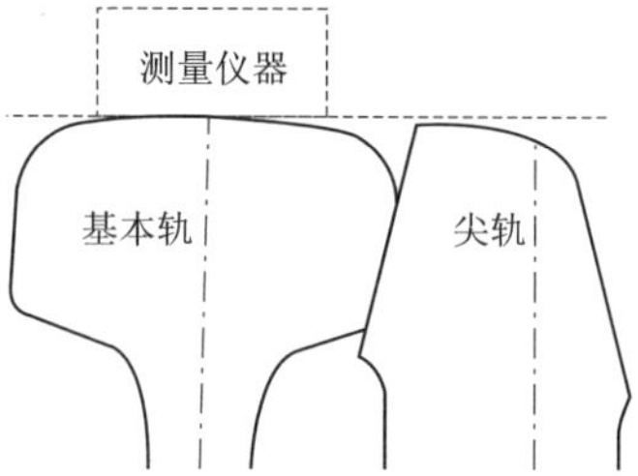

图 5—4　尖轨组合廓形测量时仪器合理位置

2. 降低值测量

尖轨和心轨除调查关键断面廓形外，还需利用降低值测量仪对其降低值进行测量并记录。降低值偏差超过 ±0. 5 mm，困难条件下超过 ±1 mm 时，应先对降低值进行调整。

3. 测量点选取

调查时测量点设置为对应图号道岔的关键断面，测量时需要同步调查尖轨和滑床板间的空吊值。

（三）调查注意事项

1. 对计划打磨的道岔进行逐组调查，存在较严重病害或晃车现象的道岔适当增加测量点。

2. 对于岔区前后 300 m 线路或站内线路需要打磨时，须增加测量点，测量点数量按照每 100 m 一个测点执行，病害严重区段可增加测量点。

二、廓形及打磨方案设计

(一)廓形设计

道岔非受限区的钢轨设计廓形应与线路设计廓形保持一致，尖轨、可动心轨受限区域按关键断面以组合廓形形式进行廓形设计，如图5—5所示，需在衔接位置处做好合理过渡。

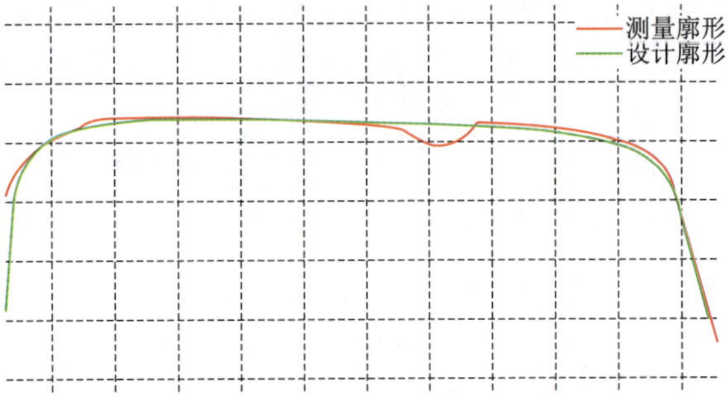

图5—5　某35 mm断面设计组合廓形

(二)打磨方案设计

1. 大机打磨方案

大机打磨方案需要给定功率百分比、速度、角度，方案需细化至每一组道岔的轨枕号范围。对廓形差异相对较大区域，宜采取先分段打磨，再进行整体打磨的方式。

大机打磨方案设计应遵循如下原则：

(1)首先消除不同组道岔间的廓形差异。

(2)在消除廓形差异后同行别同侧道岔贯通廓形修正。

(3)需对轨顶进行贯通打磨，以提高轨面平顺性，轨顶打磨量按消除轨面病害的基础上增加0.1 mm。

2. 小机打磨方案

小机打磨方案应包含轨顶廓形各位置处的打磨量和参考角度等内容，并明确打磨工法，见表5—1。

表 5—1　部分图号道岔小机打磨方案示例

横向位置(mm)	参考角度	打 磨 量(mm)		
		20 断面	35 断面	50 断面
-25				
-20				
-15				
-10				
-5				
0				
+5				
+10				
+15				
+20				
+25				
+26				
+28				
+30				

注：具体断面以对应道岔特征断面为准。

三、小机打磨注意事项

1. 小机打磨作业前对作业工机具进行清点，确保工机具状态良好。

2. 各断面打磨过程中需做好前后顺接工作，保持岔区整体平顺性。

3. 小机打磨过程中应加强检测，避免出现过打磨的情况。

第六章　钢轨打磨验收

钢轨预打磨、预防性打磨和修理性打磨作业结束后均需要进行验收，验收项目包括打磨廓形、打磨深度、光带、周期性打磨痕迹和波磨、打磨面粗糙度、打磨平面宽度、表面质量等。

第一节　打磨廓形验收

一、验收目的

确认打磨廓形及其他指标满足要求。

二、验收方法

采用钢轨廓形仪检测钢轨打磨廓形，计算钢轨廓形偏差值、钢轨打磨质量指数 GQI 指标。

三、线路验收位置

1. 高速线路

车载检测时，每 1 km 处理一次廓形数据；人工检测时，每个区间不少于 1 处钢轨，对左右股轨头廓形进行检测。根据钢轨廓形差异情况，可适当增加测点。

2. 普速线路

以区间为单位，每个区间直线地段检查不少于 2 处，曲线地段每类(按 $R \leqslant 400$ m、400 m $< R \leqslant 600$ m、600 m $< R \leqslant 800$ m、800 m $< R \leqslant$ 1 200 m、1 200 m $< R \leqslant 2\,000$ m、2 000 m $< R <3\,000$ m、3 000 m 及以上七个等级分类)曲线检查不少于 1 条，每条曲线在圆曲线上至少检测 1 处测点。

四、岔区验收位置

以同站同行别同岔区为单位进行验收，道岔验收点：道岔内钢轨廓形测点为3个轨道截面共计10测点，如图6—1所示。第一个截面位于距岔前1~2 m处（测点MP_1和MP_2）；第二个截面位于导曲/直线中部（测点MP_3、MP_4、MP_7和MP_8）；第三个截面位于距岔尾1~2 m处（测点MP_5、MP_6、MP_9和MP_{10}）。

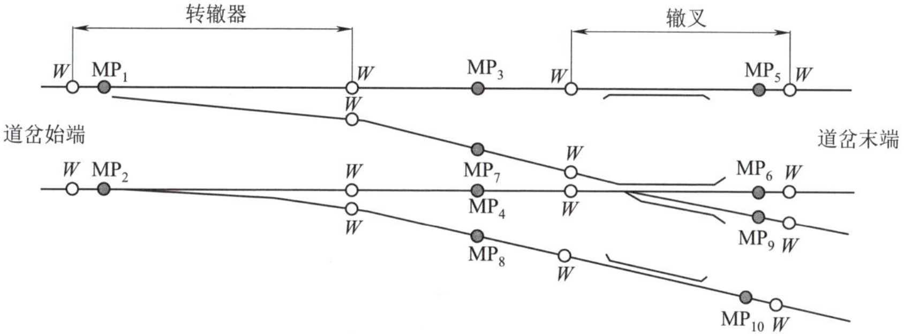

图6—1 道岔内钢轨廓形、波磨及光带测量点

注：W—焊缝位置；MP—测点。

五、岔区前后验收位置

岔区前后100 m线路、站内正线、道岔间夹直线等地段应各设1个测点（含左右股）。

六、验收要求

（一）验收时廓形对齐方法

按廓形分析比对方法验收打磨后钢轨和道岔廓形：在Y-Z坐标系内以轨顶切线为基准（实测廓形不旋转），实际廓形与目标廓形轨顶最高点上下对齐、在Z = 16 mm处左右对齐，如图6—2所示。

（二）高速铁路廓形验收

轨头廓形偏差应满足表6—1和表6—2要求。

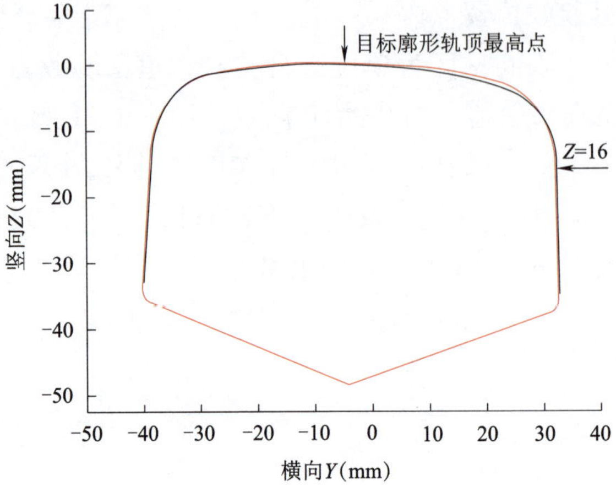

图 6—2　钢轨打磨廓形验收定位点示意

表 6—1　标准断面钢轨打磨轨头廓形验收标准（人工检测）

设计速度（km/h）	验收标准（mm）	
	轨头横向 −25~+25 mm 范围内	轨头横向 +25~+32 mm 范围内
<200	+0.3 / −0.3	+0.3 / −0.6
≥200	+0.2 / −0.2	+0.2 / −0.6
廓形验收范围为钢轨轨头横向 −25~+32 mm，表中 +、− 分别表示所测廓形高于和低于目标廓形的量值。若工作边侧发生侧磨，只检测未发生侧磨的廓形区域		

表 6—2　钢轨打磨轨头廓形验收标准（车载检测）

设计速度（km/h）	验收标准（mm）	允许超限百分比		
		±0.2 mm	±0.3 mm	±0.5 mm
<200	+0.5 / −0.5	—	—	15%
≥200	+0.3 / −0.3	10%	5%	0%
廓形验收范围为钢轨轨头横向 −25~+32 mm，表中 +、− 分别表示所测廓形高于和低于目标廓形的量值。若工作边侧发生侧磨，只检测未发生侧磨的廓形区域				

（三）普速铁路廓形验收

钢轨廓形采用 GQI 指标验收方法，GQI 代表测量廓形与设计廓形的贴合度，贴合度越高则 GQI 越高，其值介于 0～100 之间，无量纲单位。

1. 轨头区域划分

GQI 指标计算时按横坐标将轨头分为 4 个区域，如图 6—3 所示。

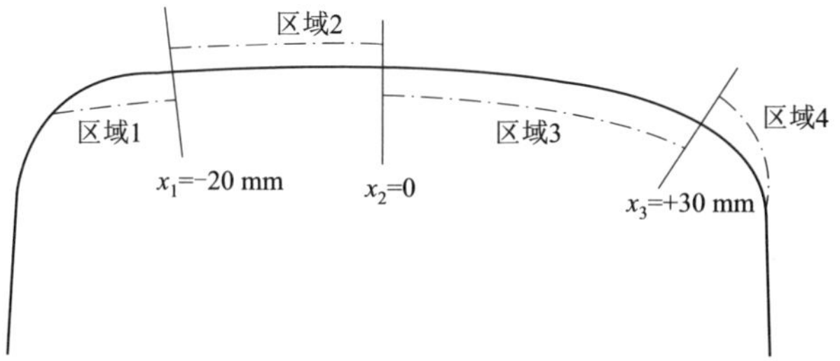

图 6—3　GQI 指标计算时轨头区域划分

2. 轨面不同区域偏差控制值

普速铁路曲线上股不同区域 GQI 计算偏差值按表 6—3 控制。

表 6—3　普速铁路曲线上股偏差值控制（mm）

区　　域	区域 1	区域 2～4
偏 差 值	+0.3/−0.6	±0.3

普速铁路曲线下股及直线不同区域 GQI 计算偏差值按表 6—4 控制。

表 6—4　普速铁路曲线下股及支线偏差值控制（mm）

区　　域	区域 1	区域 2～3	区域 4
偏 差 值	+0.3/−0.6	±0.3	+0.3/−0.6

3. GQI 计算方法

GQI 按照式(6—1)计算。

$$\begin{cases} GQI = K_1 G_D + K_2 G_A \\ G_D = \sum_{i=1}^{4} k_i \cdot G_i \\ G_i = \frac{d_i}{D_i} \times 100 \\ G_A = \begin{cases} 0 & A_{real} > A_{max} \\ \left(1 - \frac{A_{real}}{A_{max}}\right) \times 100 & A_{real} \leqslant A_{max} \end{cases} \end{cases} \quad (6—1)$$

式中　K_1，K_2——偏差指数 G_D 与面积指数 G_A 的权重系数，$K_1 + K_2 = 1$；

k_i——各区域的权重系数，$\sum k_i = 1$；

d_i——各区域内未超过偏差限值的点数；

D_i——各区域偏差计算的总点数；

A_{max}——各区域偏差限制形成的面积；

A_{real}——各区域偏差曲线形成的实际面积。

4. 单个钢轨廓形验收标准

单个钢轨廓形验收标准分为优良、合格和不合格 3 个等级，各等级判断依据按表 6—5 执行。

表 6—5　单个钢轨廓形 GQI 指标验收标准

等　级	优　良	合　格	不合格
GQI 标准	≥85	≥70	<70

5. 区段线路验收标准

区段线路验收以区间(站间)或以整条线路为单位，验收标准分为优良、合格和不合格 3 个等级。

优良等级应满足的条件按表 6—6 控制。

表 6—6　普速铁路优良等级要求

GQI 指标	≥85	≥70
所占百分比	60%	80%

合格等级应满足的条件按表 6—7 控制。

表 6—7　普速铁路合格等级要求

GQI 指标	≥70	≥60
所占百分比	60%	80%

不满足合格等级的线路判定为不合格线路。无法保证打磨周期或钢轨状态较差的线路，验收标准需要根据具体情况进行单独确定。

对于无货车通行或只通行极少数货车的线路及高速铁路(以下简称客车线路)，GQI 计算方法、单个钢轨廓形 GQI 验收标准与普速铁路相同，但采用更为严格的廓形偏差值和区段线路 GQI 验收要求，具体如下：

客车线路曲线上股不同区域 GQI 计算偏差值按表 6—8 控制。

表 6—8　客车线路曲线上股偏差控制值(mm)

区　　域	区域 1	区域 2～4
偏 差 值	+0.2/－0.4	±0.2

客车线路曲线下股及直线不同区域 GQI 计算偏差值按表 6—9 控制。

表 6—9　客车线路曲线下股及直线偏差控制值(mm)

区　　域	区域 1	区域 2～3	区域 4
偏 差 值	+0.2/－0.4	±0.2	+0.2/－0.4

客车线路单个钢轨廓形的验收标准按表 6—10 执行。

表 6—10　客车线路单个钢轨廓形 GQI 指标验收标准

等　　级	优　　良	合　　格	不 合 格
GQI 标准	≥85	≥70	<70

客车线路区段验收优良等级应满足的条件按表6—11控制。

表6—11 客车线路优良等级要求

GQI指标	≥85	≥70	标准差≤8
所占百分比	70%	90%	

客车线路区段验收合格等级应满足的条件按表6—12控制。

表6—12 客车线路合格等级要求

GQI指标	≥70	≥60	标准差≤10
所占百分比	70%	90%	

不满足合格等级的线路判定为不合格线路。

第二节 打磨深度验收

一、验收目的

确认脱碳层及擦伤、硌伤、波磨、剥离掉块等病害整治满足要求。

二、验收方法

采用钢轨廓形仪或钢轨打磨深度测量仪检测同一处钢轨打磨前后的廓形或高度，计算钢轨打磨深度。打磨深度测点与钢轨光带测点相同，相同打磨作业工艺只需测试一处。

三、验收位置

避开焊接接头区域，钢轨擦伤打磨后应采用里氏硬度计检测擦伤部位的轨面硬度。

四、验收要求

1. 预打磨

轨顶中心区域(−1°~+3°，下同)最小打磨深度不应小于0.2 mm。其中道岔钢轨打磨以确保轨头廓形为主，打磨深度可适当减小。

2. 预防性打磨

轨顶中心区域在消除病害的基础上打磨量不小于0.1 mm。

3. 修理性打磨

钢轨病害打磨后满足相应验收标准。

第三节　钢轨光带验收

一、验收方法

在打磨作业后两周内，应采用车载式光带测量系统或钢板尺检测钢轨光带。

二、验收位置

1. 线路钢轨光带测量位置

随机选取一处(包含左右股)进行钢轨光带测量，测点应避开砂轮起落及焊缝区域。

2. 道岔钢轨光带测量位置

道岔内钢轨光带测点如图 6—1 所示；道岔区前后 100 m 线路、站内正线、道岔间夹直线等地段应各设 1 个测点包含左右股进行光带测量，测点应避开砂轮起落及焊缝区域。

三、验收要求

(一)高速铁路

1. 线路钢轨打磨后，直线和曲线下股钢轨光带应基本居中，宽度为 20 ~ 30 mm；曲线上股钢轨光带应偏向内侧。

2. 道岔区域钢轨打磨后，钢轨光带应基本居中(不含 MP_1 和 MP_2 测点及非标准廓形区域)。

(二)普速铁路

1. 钢轨接触光带的宽度为 25 ~ 35 mm。

2. 直线钢轨接触光带位置居中或居中偏内。

3. 曲线下股钢轨接触光带位置居中或居中稍偏外。

4. 曲线上股钢轨光带应偏向内侧，接触光带自钢轨轨距侧面延伸至轨顶区域，随着曲线半径的增大逐渐向直线光带过渡。

第四节　波磨验收

一、验收目的

确保波磨打磨后符合要求，避免因波磨未完全消除引起轨道劣化周期缩短、部件松动、弹条折断。

二、验收方法

1. 采用便携式数字波磨测量仪或电子平直度测量尺检测钢轨周期性打磨痕迹或波磨；岔区以外线路可采用车载波磨检测仪检测钢轨周期性打磨痕迹或波磨。

2. 波磨钢轨打磨谷深平均值：打磨作业完成后 8 天内或在打磨后通过总质量 0.3 Mt 之前测量，测试精度 0.01 mm 及以上，且测试长度不小于采样窗长度。

3. 允许超限百分率：连续测量打磨波磨钢轨长度 100 m（车载检测）或 30 m（手工检测）。

三、验收位置

1. 目测打磨砂轮起落部位 100 m 左右范围内的打磨痕迹，如发现有明显的周期性砂轮磨痕，则应连续检测 10~30 m 范围内的磨痕；在波磨地段，车载检测时每 1 km 处理一次数据，人工检测时随机连续检测 5~30 m 范围内的波磨数据。

2. 道岔内钢轨光带测点如图 6—1 所示。

四、验收要求

钢轨打磨后周期性磨痕或波磨谷深应符合表 2—1 要求。

第五节　打磨面粗糙度验收

一、验收目的

确保使用打磨砂轮符合要求，避免打磨痕迹过深。

二、验收方法

采用便携式粗糙度检测仪检测打磨面粗糙度，同一批次生产的砂轮所打磨的区段至少测量 6 个点，各测点测量值均不应超限。相同打磨作业工艺只需测试一处。

三、验收位置

避开焊接接头及打磨车砂轮起落位置。

四、验收要求

打磨面粗糙度不应大于 10 μm。

第六节　表面质量验收

一、验收目的

避免打磨功率过大导致打磨平面过宽或钢轨顶面出现连续氧化发蓝带。

二、验收方法

1. 采用钢板尺检测打磨平面宽度。打磨平面宽度测点位置与钢轨光带测点相同，相同打磨作业工艺只需测试一处。

2. 采用目测检查钢轨顶面是否出现连续发蓝。

三、验收位置

避开打磨车砂轮起落及焊接接头位置。

四、验收要求

1. 轨顶纵向中心线两侧 10 mm 区域打磨平面最大宽度为10 mm，10 ~ 25 mm 区域为 7 mm，其余打磨区域为 5 mm。

2. 沿钢轨纵向 100 mm 范围内，打磨平面宽度最大变化量不应大于打磨平面最大宽度的 25%。

3. 打磨后轨顶面无连续发蓝。

第七章　检测工具及使用

检测工具的正确使用是保证检测数据可靠性的前提，钢轨打磨相关检测主要有钢轨廓形仪、钢轨波磨仪、粗糙度测试仪和硬度计等。

1. 钢轨廓形仪主要分为接触式（机械）和非接触式（激光）两类，非接触式通常包含车载式和移动小车式等形式，打磨结果验收时应采用接触式廓形仪测量钢轨廓形。

（1）接触式钢轨廓形仪：测量精度一般较高，测量数据可用于廓形对比，磨耗计算，打磨目标廓形、打磨方案设计参考依据等。

采用接触式钢轨廓形仪测量钢轨廓形时应保证设备完好，测量位置处钢轨表面清洁，测量时钢轨廓形仪与钢轨处于垂直状态，如图 7—1 所示。

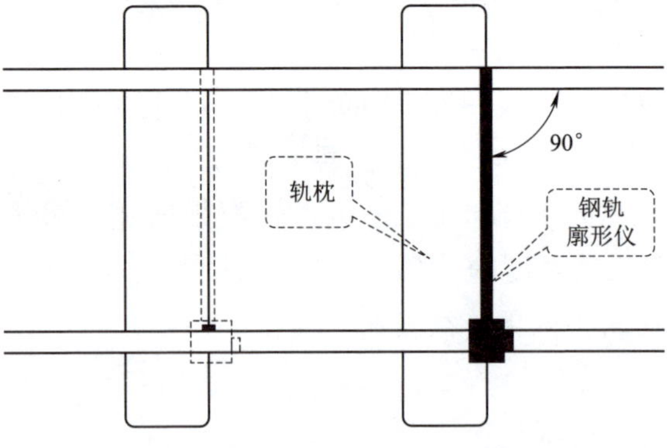

图 7—1　接触式钢轨廓形仪正确放置示意

（2）非接触式钢轨廓形仪：测量精度相对较低，可实现钢轨廓形的连续测量，测量数据可用于钢轨廓形的变化趋势判断，一般不可作为打磨目标廓形、打磨方案设计的参考依据。

2. 钢轨波磨的测量和验收可采用钢轨波磨仪或电子平直尺进行。

3. 使用便携式粗糙度检测仪进行粗糙度验收。

4. 采用便携式里氏硬度计检测钢轨擦伤打磨深度是否满足要求。

打磨作业质量检测设备和工具精度要求见表 7—1。

表 7—1　打磨作业质量检测设备和工具

序　号	设备和工具	精　度	要　求
1	钢轨廓形仪	0.05 mm	
2	钢轨波磨检测仪或电子平直尺	0.01 mm	测试长度不小于采样窗长度
3	钢轨打磨深度测试仪	0.01 mm	测试打磨深度
4	粗糙度检测仪	示值误差 15%	量程 0.05 ~ 10.00 μm
5	钢轨硬度计		测定擦伤打磨后的硬度，用于判定马氏体层是否去除；测试前必须进行重新标定

第八章　高速铁路钢轨打磨案例

第一节　线路钢轨打磨案例

一、钢轨擦伤

（一）概述

2013 年 5 ~6 月，工务段人员进行 × ×站道岔检查时，发现该站内多组道岔钢轨存在擦伤现象。7 月 14 日，选取有代表性的 12 号道岔钢轨擦伤进行现场复核，复核情况为：共计 5 处擦伤分布在同一股钢轨上，各擦伤间隔为 2 ~5 m 不等，擦伤成条带状分布，大小约为 60 mm × 10 mm，其中第 4 处擦伤如图 8—1 所示。经复核、数据分析，确定采用道岔打磨车打磨的整治方案，7 月 15 日进行了打磨。

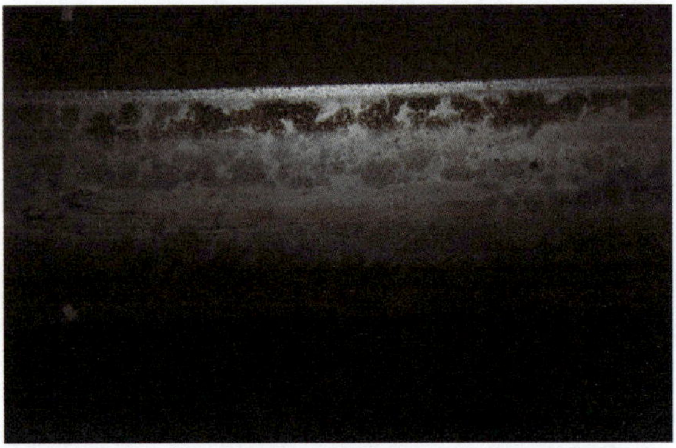

图 8—1　× ×站条带状钢轨擦伤宏观形貌（打磨前）

（二）整治过程

1. 使用 CMC-20 型道岔打磨车进行擦伤整治。

2. 打磨流程：左右股钢轨同时打磨，擦伤区域长度约为 10 m，考虑到打磨两端与未打磨区域顺接，确定打磨范围约 15 m，全覆盖打磨 6 遍，使用钢轨硬度测试仪进行擦伤位置布氏硬度跟踪测量，判定擦伤是否全部打磨掉，直至擦伤位置布氏硬度值在 320 HB 以下时，停止打磨。

(三)整治效果

U71Mn 钢轨未擦伤邻近母材布氏硬度为 280 HB，通过 36 遍打磨后，擦伤处硬度不高于钢轨母材轨面硬度 50 HB，擦伤形成的马氏体组织被完全打磨掉，打磨前后擦伤位置布氏硬度值见表 8—1；打磨后钢轨廓形满足目标廓形要求，如图 8—2 所示，消除了钢轨擦伤。

表 8—1　打磨前后擦伤位置布氏硬度值

位　　置	1	2	3	4	5
打磨前(HB)	643	440	504	648	422
打磨后(HB)	293	298	304	297	319

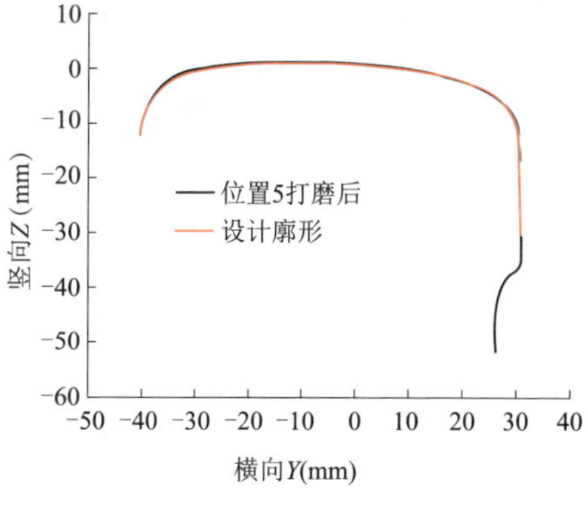

图 8—2　打磨后钢轨廓形比较及宏观形貌(打磨后)

二、钢轨硌伤

(一)概述

2018 年 3 月 14 日，××工务段检查发现××高速铁路下行线

K1178～K1318 间右股钢轨顶面存在硌伤，经与车辆部门沟通，得知 3 月 13 日途经该区段的 G××次动车组 4 车 3 轴右侧车轮踏面有异物镶嵌，钢轨和车轮硌伤宏观形貌如图 8—3 所示。3 月 15 日进行了现场调查，钢轨硌伤具体情况为：初始硌伤长15 mm、宽 12 mm、深度最大 1 mm，往大里程方向深度逐渐减小，到终点站时深度变为 0.1 mm，硌伤的间隔为 2.854 m，呈周期性分布，与动车组车轮周长相吻合，硌伤深度分布统计情况见表 8—2。根据数据分析，确定整治方案为：线路采用 GMC-96x 型钢轨打磨列车打磨硌伤，道岔使用小机打磨硌伤。

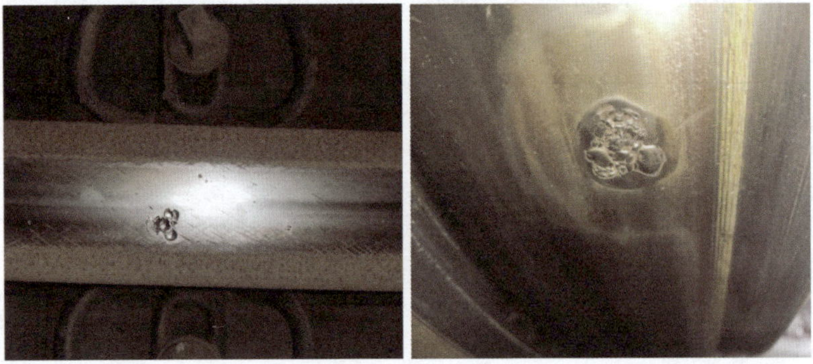

图 8—3 ××高速铁路 K1178＋465 下行右股钢轨和车轮硌伤宏观形貌

表 8—2 钢轨硌伤深度分布

序号	线名	行别	起始里程	终点里程	硌伤深度(mm)
1	××高速铁路	下行	K1178＋465	K1184＋500	1～0.5
2	××高速铁路	下行	K1184＋500	K1319＋000	0.49～0.1

（二）整治过程

1. 线路使用 GMC-96x 型钢轨打磨列车进行打磨，道岔使用小机进行打磨。

2. 打磨流程：线路区段左右股钢轨同时打磨，钢轨打磨列车全覆盖打磨 1 遍深度约为 0. 2 mm，考虑到硌伤彻底打磨掉后再打磨 0. 1 mm，打磨遍数应为 6 遍，硌伤深度在 0. 5 mm 以上(下行 K1178 + 465 ~ K1184 + 500)实际打磨遍数为 7 遍；硌伤深度 0. 5 mm 及以下(下行 K1184 + 500 ~ K1319 + 000)硌伤钝化，打磨遍数为 2 遍。对于岔区变截面钢轨，考虑安全性使用小机打磨应完全消除硌伤。

(三)整治效果

打磨后硌伤消除，廓形等指标满足要求。

三、钢轨波磨

(一)概述

2011 年 7 月，× ×高速铁路下行 K677 附近发现钢轨波磨，波长范围在 70 ~ 140 mm，谷深范围在 0. 05 ~ 0. 07 mm，波磨地段有弹条折断，如图 8—4 所示。2011 年 9 月，制定了钢轨波磨打磨方案，对下行 K676 ~ K682 区段进行了打磨整治。

(二)整治过程

1. 使用 GMC-96x 型钢轨打磨列车进行打磨。

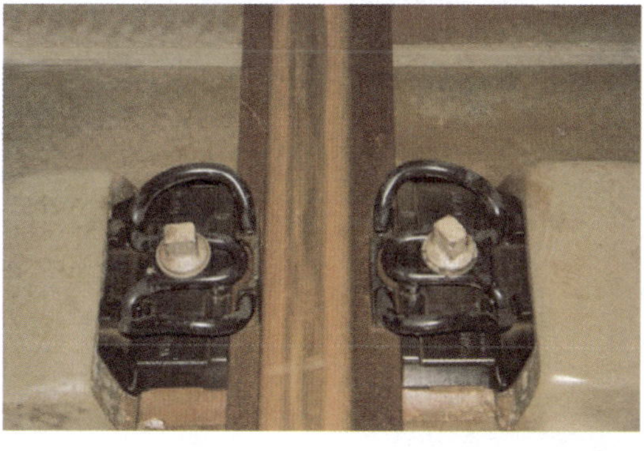

图 8—4　× ×高速铁路下行 K677(板号 01082)波磨钢轨打磨前宏观形貌及波形(2011 年 7 月)

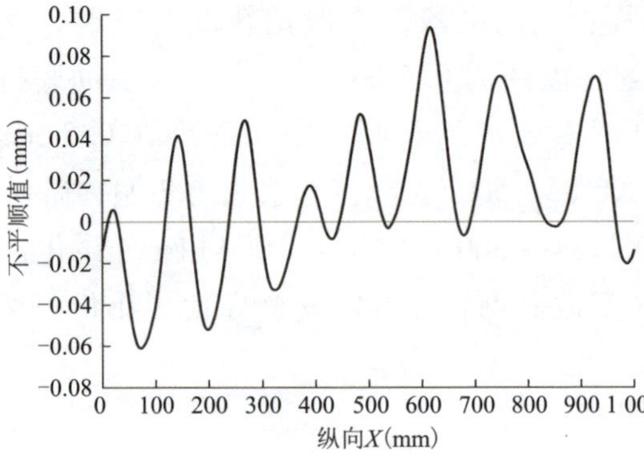

图 8—4　××高速铁路下行 K677(板号 01082)波磨钢轨
打磨前宏观形貌及波形(2011 年 7 月)(续)

2. 打磨流程：根据钢轨波磨的波长(70~140 mm)、谷深(0.05~0.07 mm)和打磨列车性能及天窗点实际情况，确定打磨遍数为1 遍，打磨速度为 15 km/h；打磨后谷深满足不大于 0.03 mm 的验收标准。

(三)整治效果

打磨后实测廓形满足廓形验收标准；钢轨波磨谷深不大于 0.03 mm。下行 K677(板号 01082) 打磨后钢轨波磨宏观形貌如图 8—5 所示。后续经过 3 年运营，波磨地段谷深仍保持不大于0.03 mm，钢轨表面目测无波磨，无弹条折断。

图 8—5　××高速铁路下行 K677(板号 01082)波磨钢轨
打磨后 3 年宏观形貌(2014 年 7 月)

四、百米钢轨轨端不平顺

（一）概述

××客运专线于2017年12月28日开通运营，设计时速250 km，开通半年后，综合检测列车检测发现上下行K8～K117有间隔百米的周期性轨面不平顺现象。2018年9月16日对该区段钢轨平直度进行调查，每根百米轨一端距焊缝约2.4 m位置存在母材低塌及光带变宽现象，为钢轨生产造成的高低点缺陷，如图8—6所示，K42～K73区段相对严重，如下行K73+470处采用1 m电子平直尺测量最大值为-0.485 mm，平直度超限。

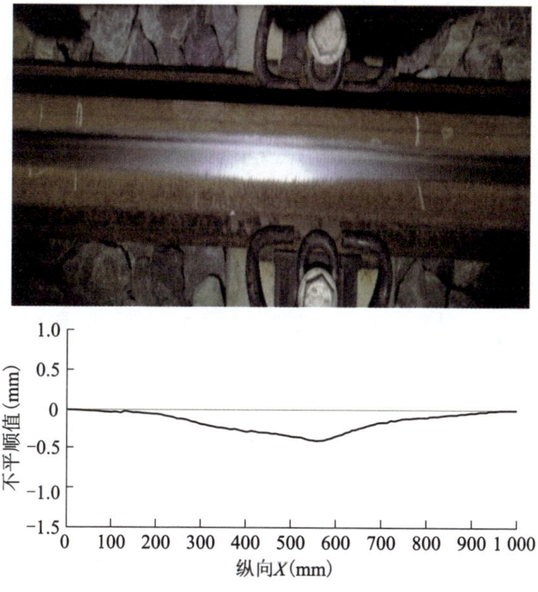

图8—6　下行K73+470处左股钢轨光带情况及平直度

（二）整治过程

经分析现场调查数据后，制定了以快速打磨车和GMC-96B型钢轨打磨列车相结合打磨为主，小机打磨为辅的综合整治方案。

1. 由于0.3 mm/m低塌占比较少，为减少打磨列车打磨遍数，首先使用小机处理大于0.3 mm/m不平顺处所，将不平顺值打磨至0.3 mm/m及以内。

2. 在小机打磨作业后，利用快速打磨车进行轨面不平顺打磨，打磨遍数为6~8遍，打磨后轨面平直度控制在0.1 mm/m以内。

3. 快速打磨后进行钢轨廓形修理，使用GMC-96B型钢轨打磨列车打磨2遍，将钢轨廓形打磨至日标廓形。第一遍重点修正钢轨廓形，消除纵向廓形差异；第二遍对轨面进行全覆盖打磨。

4. 为避免GMC-96B型钢轨打磨列车打磨引起周期性打磨磨痕，并进一步打磨不平顺，GMC-96B型钢轨打磨列车打磨后，快速打磨车再次打磨2遍，进一步修理轨面不平顺及GMC-96B型钢轨打磨列车打磨产生的周期性磨痕。

（三）整治效果

打磨整治后，选取56个测点进行检测，其中53个测点平直度值在0.1 mm/m及以下，占比达95%，3个测点平直度值在0.1~0.2 mm/m以内，如图8—7所示。消除了低塌位置不平顺。

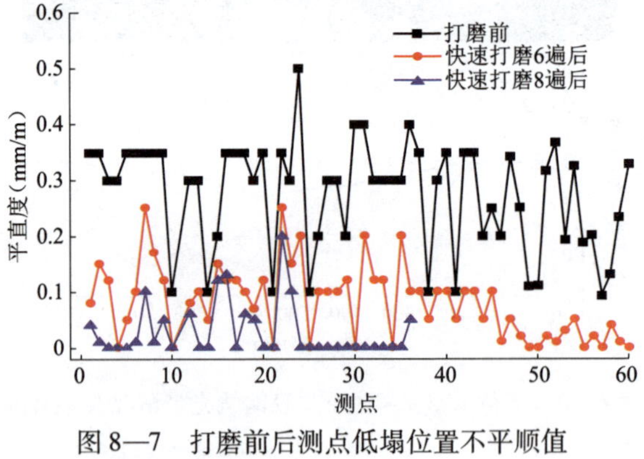

图8—7 打磨前后测点低塌位置不平顺值

五、动车组构架横向振动加速度报警

（一）概述

2010年2月，××高速铁路下行××东—××南（里程）间发生动车组构架横向振动加速度报警，并引发了多次停车。经核实，动车组车轮凹磨 0.6 mm，钢轨实测廓形与目标廓形存在偏差，光带宽度达到 55 mm。校验等效锥度达到 0.4 ~0.5，等效锥度偏大造成报警。

（二）整治过程

1. 按照控制等效锥度、改善轮轨匹配关系的原则，进行廓形设计。

2. 采用 GMC-96x 型钢轨打磨列车按目标廓形进行打磨，打磨 2 遍，第 1 遍主要打磨轨距角区域，第 2 遍进行全覆盖打磨。

打磨前、后钢轨实测廓形与目标廓形比对及光带如图 8—8 所示，打磨后廓形符合验收标准；光带宽度由打磨前光带宽度约55 mm 且偏向轨距角侧变为打磨后光带基本居中且宽度约 22 mm。

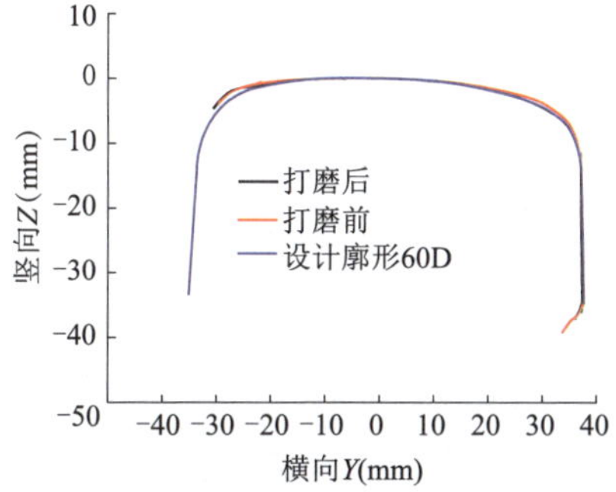

（a）左股打磨前后廓形与设计廓形比对

（b）打磨前

（c）打磨后

图 8—8　× × 高速铁路下行 K1543 + 730 处左股打磨前后廓形与设计廓形对应光带对比

（三）整治效果

打磨后动车组构架横向振动加速度最大值由打磨前的 0.8g 以上下降到 0.5g 以下，如图 8—9 所示，打磨后未再发生动车组构架横向振动加速度报警。

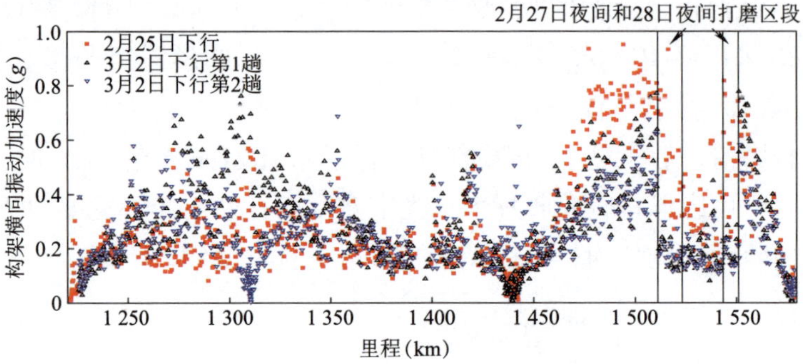

图 8—9　下行 K1543 ~ K1551 地段打磨前后振动测试结果对比

六、动车组抖车

1. 概述

2015 年 3 月上旬开始，× × 客运专线 × × 局管内部分地段出现动车组抖车现象，经过调查，车轮镟修后动车组运行里程超过了 20 万 km，车轮凹磨量达到 1. 12 ~ 1. 56 mm（图 8—10），抖车地段钢轨廓形工作边侧 15° ~ 50°未打磨到位，偏差超过 0. 6 mm 以上（标准为 0. 2 mm）；钢轨光带宽度最大 51 mm，宽度大于 30 mm 以上的测点占总测点数的 64%，光带偏向工作边侧，共有 194 个测点出现"双光带"现象。

2. 整治过程

2015 年 5 月使用钢轨打磨列车按目标廓形 60N 进行钢轨打磨整治，廓形偏差按下偏差控制，打磨后廓形与 60N 标准廓形基本吻合，符合验收标准。

3. 整治效果

打磨后动车组构架横向振动加速度由 0. 8g ~ 1. 2g 下降到 0. 4g 及

以下(表 8—3)，动车组抖车现象消失。

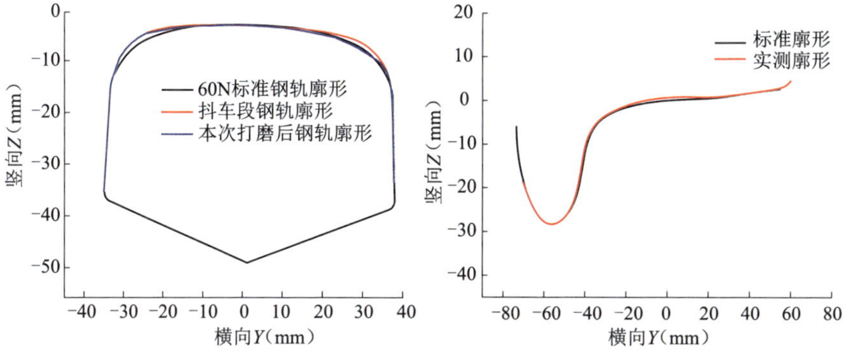

图 8—10　抖车地段钢轨廓形与 60N 廓形比对及动车组 2 轴 3 轮车轮廓形与标准廓形

表 8—3　打磨前后动检车轴箱、构架和车体横向振动加速度对比情况

行别	打磨地段里程		打磨数量(km)	打磨日期	轴箱横向振动加速度(g)		构架横向振动加速度(g)		车体横向振动加速度(g)	
	起点	终点			打磨前(3 月)	打磨后(5 月)	打磨前(3 月)	打磨后(5 月)	打磨前(3 月)	打磨后(5 月)
下	K2043 +000	K2060 +500	17. 5	5 月 7 日	18. 45	14. 52	0. 886	0. 143	0. 065	0. 063
下	K2062 +700	K2085 +000	22. 3	5 月 4 日	19. 99	16. 30	0. 839	0. 158	0. 069	0. 076
下	K2085 +000	K2103 +000	18. 0	5 月 5 日	20. 53	18. 56	0. 964	0. 170	0. 057	0. 066
下	K2103 +000	K2123 +000	20. 0	5 月 6 日	21. 51	17. 35	1. 168	0. 201	0. 060	0. 063
下	K2131 +200	K2144 +000	12. 8	4 月 28 日	22. 18	19. 02	1. 143	0. 412	0. 062	0. 060
下	K2161 +000	K2177 +800	16. 8	5 月 3 日	21. 88	17. 66	1. 224	0. 386	0. 064	0. 061

七、动车组车体晃车

1. 概述

2014 年 10 月 ~11 月，× ×局使用 GMC-96x 型钢轨打磨列车

对××客运专线上、下行 K480～K636 地段钢轨进行打磨。打磨结束一段时间后发现动车组车体晃车，特别是 K524～K529 地段晃车较为剧烈。现场调查发现钢轨廓形与目标廓形偏差过大，钢轨轨距角区域存在明显过打磨现象，左右股钢轨存在交替侧磨现象，如图 8—11 所示，左股光带宽度 17 mm，无侧磨；右股光带宽度 25 mm，侧磨高度 10 mm。

2. 整治过程

使用 GMC-96x 型钢轨打磨列车按照 60N 目标廓形进行打磨整治，加大非作用边及轨顶打磨，严禁打磨轨距角区域。打磨后实测廓形满足验收标准，实测廓形与 60N 标准廓形比对情况如图 8—11 所示。

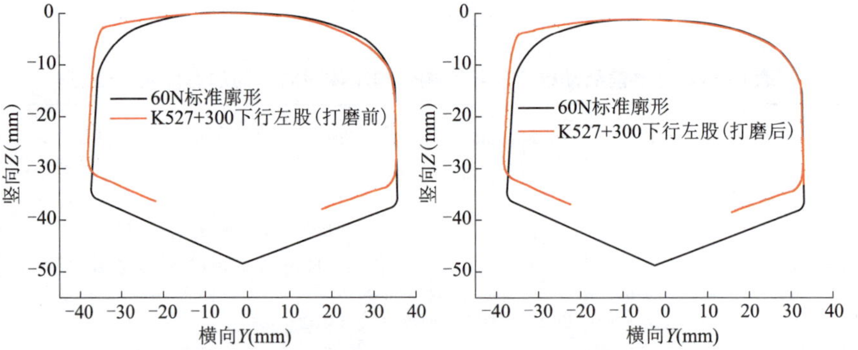

（a）打磨前后实测廓形与60N标准廓形比对

（b）左股

（c）右股

图 8—11　××客运专线下行 K527＋300 左右股钢轨情况对比

3. 整治效果

经过整治消除了动车组晃车现象。

第二节　道岔钢轨打磨案例

一、转辙区域鱼鳞状剥离裂纹小机打磨

（一）概述

2014 年 11 月，× ×站道岔巡视时发现 8 号道岔转辙区域曲尖轨有鱼鳞状剥离裂纹，鱼鳞状剥离裂纹具有刺手感，主要分布在 9 号 ~ 13 号轨枕附近，道岔曲尖轨侧磨、鱼鳞状剥离裂纹病害范围如图 8—12 所示。

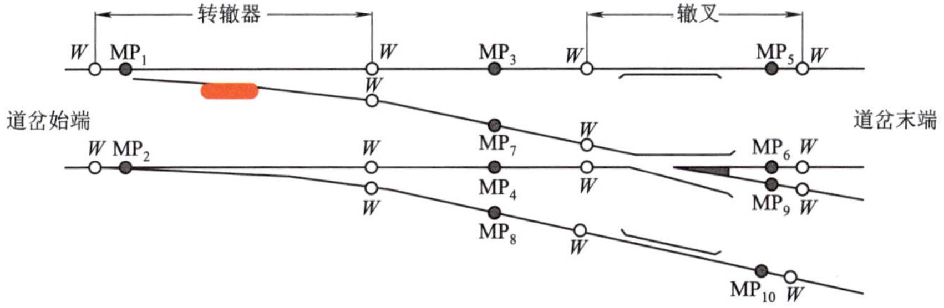

图 8—12　鱼鳞状剥离裂纹位置示意

注：*W*—焊缝位置；MP—测点。

（二）整治过程

采用道岔打磨机和多功能垂直打磨机进行整治。

1. 曲尖轨在闭合状态下，使用多功能垂直打磨机从基本轨顶面最外侧光带开始向钢轨内侧打磨，如图 8—13 所示，打磨过程中控制每次的打磨面有一定的重叠，且测量钢轨廓形，确保打磨廓形符合要求。打磨范围为尖轨前端焊缝前第 4 根轨枕到基本轨焊缝后第 4 根轨枕。

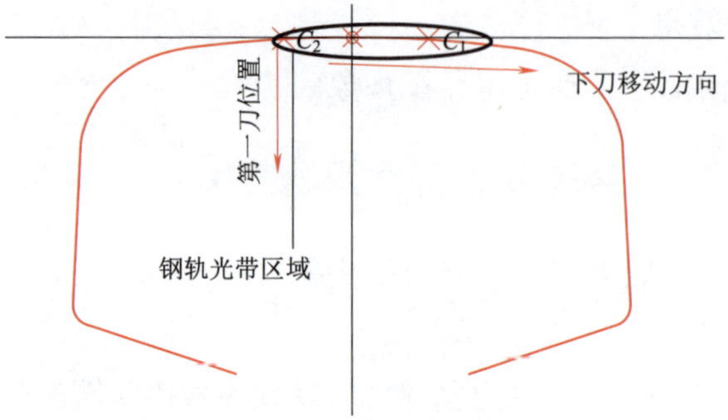

图 8—13　钢轨顶面廓形打磨顺序(右侧为工作边)

2. 曲尖轨在闭合状态下，使用道岔打磨机从曲尖轨工作边的底部开始打磨，如图 8—14 所示，打磨的范围从尖轨尖端到尖轨焊缝后第 4 根轨枕。

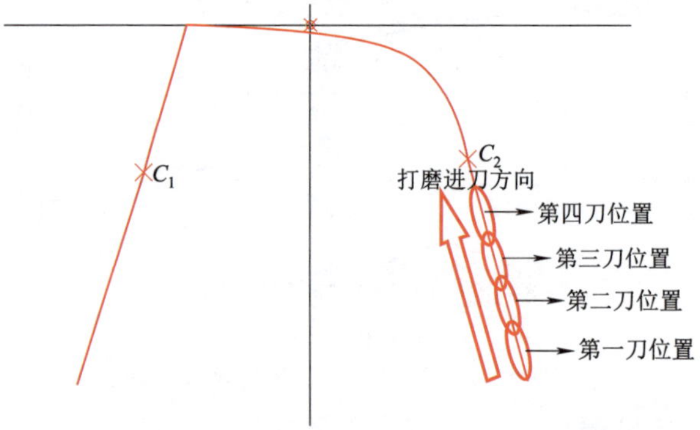

图 8—14　工作边打磨

3. 用角磨机对曲尖轨进行抛光处理。

(三)整治效果

通过小机打磨，彻底消除了曲尖轨鱼鳞状剥离裂纹并修正了转辙区域钢轨廓形，延长了尖轨的使用寿命，提高了列车通过道岔时的平稳性。

二、导曲轨鱼鳞状剥离裂纹小机打磨

(一)概述

2018 年 6 月 18 日，××局在天窗点内巡视检查时发现××站 10 号道岔导曲线上股钢轨光带宽度超过 40 mm(40 号~80 号轨枕，长度 24 m)，轨距角区域鱼鳞状剥离裂纹深度约为 0.5 mm。

(二)整治过程

由于鱼鳞状剥离裂纹较深，单个天窗点内难以消除病害，采取“渐进式”打磨方式，保持目标廓形不变，每个天窗点打磨掉一定深度的鱼鳞状剥离裂纹，共用 3 个天窗点。

1. 按照 0.2‰的顺坡率计算确定打磨长度，打磨时上、下股钢轨应同时打磨，避免出现反超高。

2. 根据鱼鳞状剥离裂纹沿钢轨横截面分布情况及目标廓形确定打磨角度。

3. 按确定的打磨区域及打磨角度进行小机打磨，打磨过程中及时测量廓形，直到完全消除鱼鳞状剥离裂纹为止。

4. 打磨后钢轨廓形满足验收标准。

(三)整治效果

通过“渐进式”打磨，打磨后鱼鳞状剥离裂纹彻底消除，延长了钢轨使用寿命，打磨效果如图 8—15 所示。

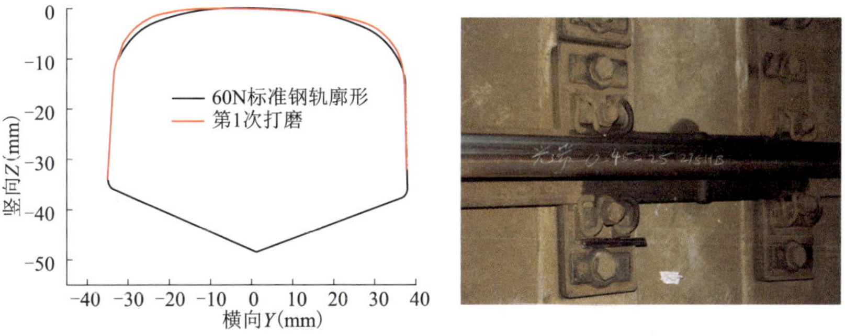

(a) 第1次打磨后廓形和60N廓形对比　　(b) 打磨前曲线上股鱼鳞状剥离裂纹宏观形貌

图 8—15　××站 10 号道岔三次打磨前后曲线上股钢轨廓形与宏观形貌

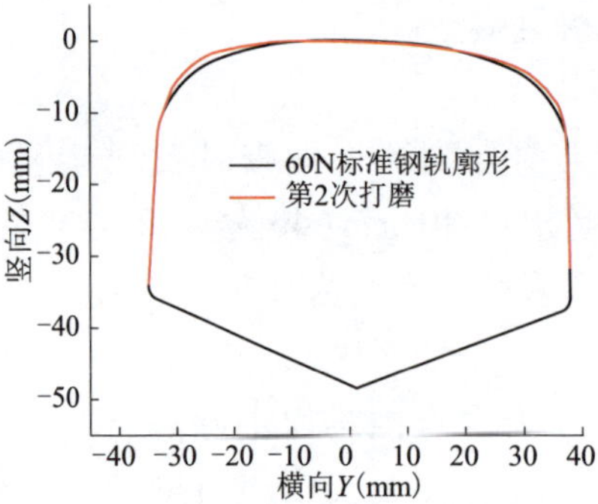

（c）第2次打磨后廓形和60N廓形对比

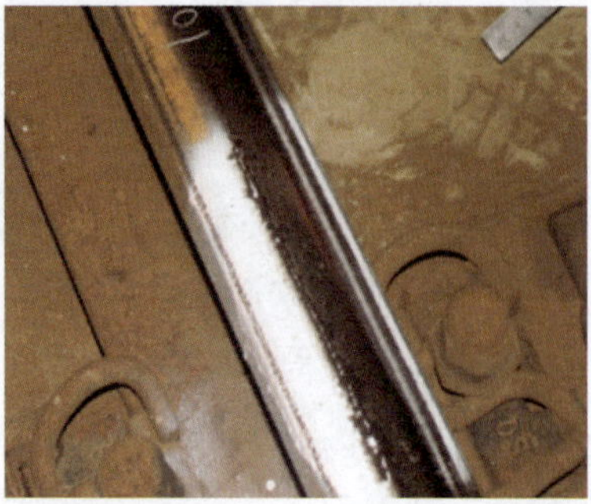

（d）第2次打磨后曲线上股宏观形貌

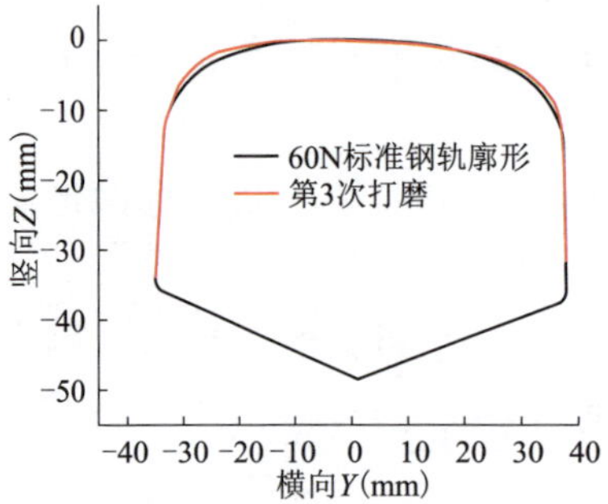

（e）第3次打磨后廓形和60N廓形对比

（f）第3次打磨后曲线上股宏观形貌

图 8—15　××站 10 号道岔三次打磨前后曲线上股钢轨廓形与宏观形貌(续)

第九章　普速铁路钢轨打磨案例

第一节　线路钢轨打磨案例

一、小半径曲线侧磨

（一）概述

××局××线为单行线，年通过总质量约59.77 Mt，该线路的小半径曲线上股因侧磨到限每4年左右需更换一次钢轨。为解决钢轨磨耗严重问题，于2014年6月起实施周期性个性化设计打磨，打磨后对线路K32+890～K35+250区段进行了持续观测，观测曲线基本信息见表9—1。

表9—1　观测曲线基本信息

曲线编号	起点里程	终点里程	观测点位置	曲线半径（m）	轨距加宽（mm）	超高（mm）	顺坡率	换轨时间	年通过总质量（Mt）
1	K32+890	K33+197	K33+000	330	5	110	1.6	2012.7	59.77
2	K33+324	K33+945	K33+500	327	5	105	1.5	2012.7	59.77
3	K34+448	K34+669	K34+570	305	5	110	1.6	2012.7	59.77
4	K34+784	K35+249	K35+000	343	5	95	1.4	2012.7	59.77

（二）整治过程

1. 使用GMC-96B型钢轨打磨列车进行病害整治。

2. 打磨流程：打磨前上股钢轨存在侧磨、两点接触和轻微剥离掉块，方案设计时考虑消除既有病害的同时修正钢轨廓形。上股钢轨病害处理遍数为3遍，廓形修正遍数为4遍，最后再对当天打磨区段进行1遍全覆盖打磨。

（三）整治效果

通过3年廓形打磨，GQI指标整体提升了35%，同时有效减小后续钢轨打磨维修量。小半径曲线钢轨整体磨耗速率下降了60%～80%，磨耗速率得到了有效控制，截至换轨（2018年）钢轨使用寿命延长了2年（50%）以上。

1. 磨耗速率

打磨前后钢轨磨耗速率对比见表9—2，各磨耗指标下降幅值为64.2%～75.9%，有效解决了钢轨磨耗速率过快的问题。

表9—2　曲线磨耗速率统计

观测曲线及测点		K33+000	K33+500	K34+570	K35+000	磨耗率减小均值
上股垂磨速率	打磨前	0.097	0.121	0.133	0.190	64.2%
	打磨后	0.044	0.064	0.026	0.048	
	减小率（%）	54.9	46.8	80.2	75.0	
上股侧磨速率	打磨前	0.097	0.047	0.017	0.078	72.4%
	打磨后	0.010	0.010	0.005	0.041	
	减小率（%）	90.1	79.6	72.1	47.8	
下股垂磨速率	打磨前	0.191	0.364	0.429	0.409	75.9%
	打磨后	0.086	0.057	0.088	0.062	
	减小率（%）	54.9	84.4	79.6	84.9	

2. 线路动态指标

打磨前后轨道检查车动态指标对比情况见表9—3，打磨后高低、轨向、水平、三角坑较打磨前有明显改善。

表9—3　K33～K35区间平均轨检指标（mm）

指标	高低	轨向	水平	三角坑
打磨前	1.52	1.08	1.99	2.07
打磨后	1.42	0.99	1.90	1.96
减小率（%）	7.0	8.0	5.0	5.3

每次打磨后 TQI 值变化情况如图 9—1 所示，线路 TQI 指标较廓形打磨工作开展前呈降低趋势，说明廓形打磨对线路 TQI 指标有改善。

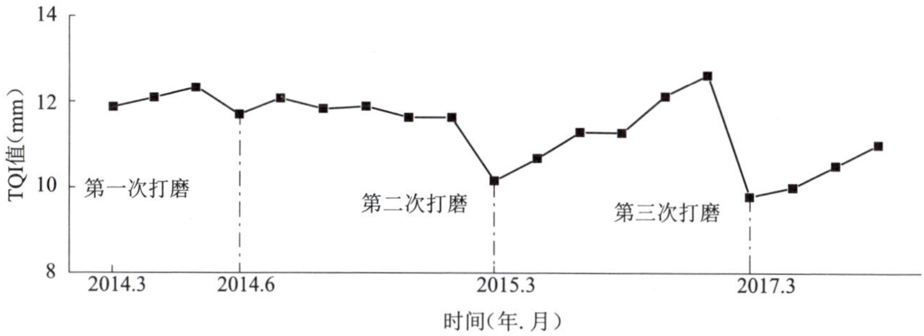

图 9—1　打磨前后 TQI 值对比

二、滚动接触疲劳

(一)概述

2017 年 10 月，××局××线下行 K1797 ~ K1889 范围内有 3 条曲线下股钢轨存在严重的疲劳掉块病害，曲线下股钢轨探伤受到影响，其他区段曲线下股也存在一定程度的剥离掉块现象。该线路年通过总质量约 61.2 Mt，2016 年 12 月进行了钢轨更换。这 3 条曲线钢轨均为 U75V 淬火轨，轨头廓形为 60N，曲线基本信息见表 9—4。

表 9—4　试验段曲线资料信息

曲线编号	起点里程	终点里程	曲线半径(m)	圆曲线长(m)	缓和曲线长(m)	允许速度(km/h)	超高(mm)	坡度(‰，/表示变坡点)
1	K1797 +240	K1798 +030	500	581.69	100	90	115	-10.4/ -9.5
2	K1783 +020	K1783 +770	450	556.03	100	90	105	-9.1/ -5
3	K1889 +610	K1890 +330	500	517.45	100	90	105	11.2/10.4/9.6

(二)整治过程

1. 使用 GMC-96B 型钢轨打磨列车进行病害整治。

2. 打磨流程：打磨前曲线下股轨顶呈扁平和凹形磨耗形状，存在连续性轨顶掉块，掉块深度在 0.4～1.4 mm 之间。左右股钢轨同时打磨，廓形修正遍数为 2 遍，钢轨打磨列车全覆盖打磨 1 遍，深度约为0.15 mm，考虑到掉块彻底打磨掉后再打磨2 遍，确保打磨后钢轨表面无明显网状疲劳裂纹，打磨遍数应为 14 遍。

（三）整治效果

1. 轨面状态

打磨前曲线下股掉块分布呈无规律的间隔性分布，如图 9—2 所示，掉块深度在 0.4～1.4 mm 之间，轨顶呈扁平和凹形磨耗形状。打磨后掉块得到了有效消除，接触光带宽度在 30～40 mm 之间，分布合理，钢轨状态得到根本改善，使用 10 个月后下股钢轨并未产生掉块，钢轨状态及廓形依旧保持良好。

（a）下股打磨前（2017.10）

（b）下股打磨后

（c）下股打磨后1个月（2018.2）

（d）下股打磨后3个月（2018.4）

图 9—2　下行 K1890＋230（*R*500 m）处曲线钢轨打磨前后表面状态

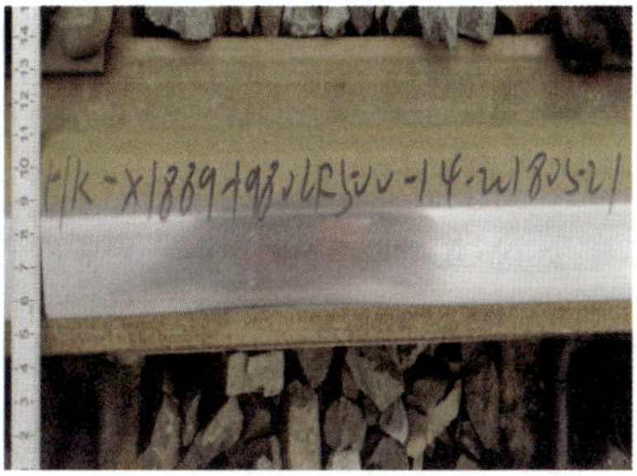

（e）下股打磨后4个月(2018.5)

（f）下股打磨后10个月(2018.11)

图 9—2　下行 K1890 +230(R500 m)处曲线钢轨打磨前后表面状态(续)

2. 线路动态指标

K1889 +610 ~ K1890 +330 曲线打磨前后的 TQI 指标对比情况如图 9—3所示，打磨后 TQI 相比打磨前降低了 15%，表明廓形打磨对线路 TQI 指标有改善。K1889 +610 ~ K1890 +330 曲线打磨后高低、轨距和轨距变化率公里扣分相比打磨前都有明显降低，如图 9—4 所示。

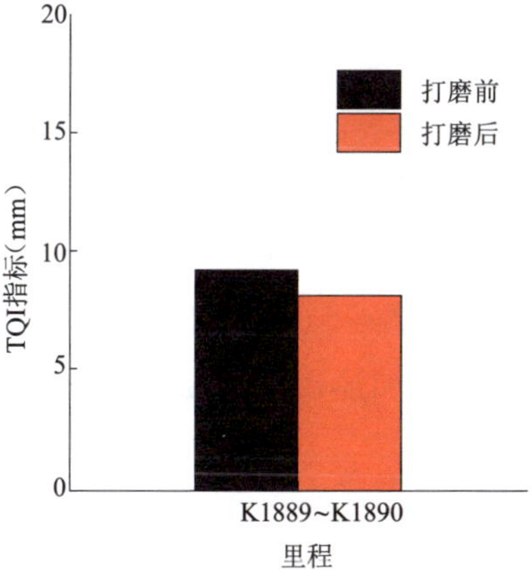

图 9—3　曲线打磨前后平均 TQI 变化情况

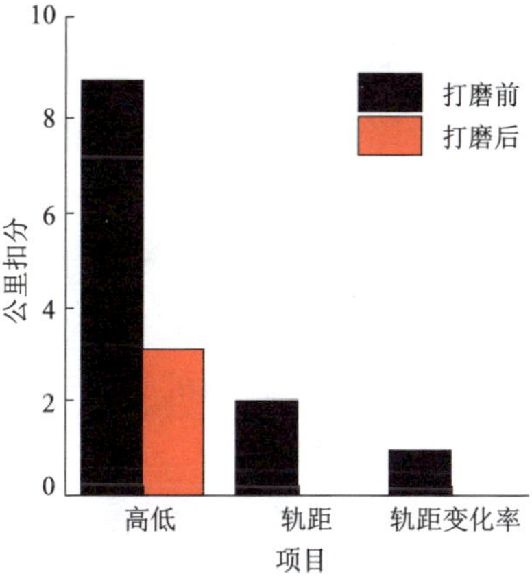

图 9—4　曲线打磨前后公里扣分变化情况

三、直线地段钢轨波磨

(一)概述

××局××线下行 K39～K90 区间长期存在机车车载式线路检查仪报警问题，经现场调查发现，钢轨光带宽窄交替，左右股存在明显的波磨。2015 年 4 月该区间横向振动加速度和垂向振动加速度Ⅱ级报警共 865 次，重复报警 489 次，人体添乘感觉较差。

(二)整治过程

1. 使用 GMC-96B 型钢轨打磨列车进行直线波磨整治。

2. 打磨流程：左右股钢轨同时打磨。因左右股廓形存在明显不对称，最大偏差值在 0. 8 mm 以上，因此首先采用 4 遍左右股非对称打磨，主要打磨内外侧，尽可能消除廓形差异，提高对称性；再对整个轨面包括轨顶进行 4 遍全覆盖打磨，进一步消除廓形差异，并提高轨面平顺性。整体打磨 8 遍。

3. 说明：因打磨车恒压磨削特性，廓形差异并不能完全消除，只能保证左右股钢轨在轮轨接触区域基本对称，从而消除波浪形光带，解决晃车问题。

(三)整治效果

该线路下行直线波磨打磨前、后钢轨表面变化情况如图 9—5 所示。打磨前直线光带宽窄交替，存在明显的波磨[图 9—5(a)]，打磨后波磨现象消失[图 9—5(b)]，打磨后 3～17 个月直线钢轨光带保持良好，宽度适中，位置居中[图 9—5(c)～图 9—5(e)]。同时，打磨后该区间机车横向、垂向振动加速度Ⅱ级报警问题基本解决。

四、钢轨和机车轮缘磨耗

(一)概述

××局××线为客货混运线路，年通过总质量约 40. 4 Mt，货车允许速度为 80 km/h。该线路属于山区铁路，小半径曲线较多且部分使用了再用轨，道床弹性不良，整条线路小半径曲线上股钢轨侧磨严重，HXN_5 型机车车轮轮缘磨耗速率过快。

(a)打磨前　(b)打磨后　(c)打磨后 3 个月　(d)打磨后 6 个月　(e)打磨后 17 个月

图 9—5　波磨区段打磨前后钢轨表面状态

(二)整治过程

1. 该线路只打磨曲线，天窗时间只有 90 min，主要需要解决曲线上股侧磨过快问题。

2. 整治过程：上下股非对称打磨，上股打磨到设计廓形，下股消除波磨，下股掉块尽可能消除，遍数以上股为准。

(三)整治效果

1. 钢轨磨耗

选取该线中 4 条小半径曲线钢轨磨耗速率数据进行统计分析，见表 9—5，曲线上股侧磨速率平均减小了 69.7%，上股垂磨速率平均减小了 54.9%，下股垂磨速率平均减小了 56.5%。

表 9—5　部分小半径曲线磨耗速率打磨前后变化情况

曲线序号	半径(m)	打磨情况	磨耗率均值(mm/3.36 Mt)					
			上股侧磨	减小率(%)	上股垂磨	减小率(%)	下股垂磨	减小率(%)
T_1	400	打磨前	0.071	—	0.092	—	0.085	—
		打磨后	0.030	57.8	0.045	51.1	0.036	57.7
T_2	350	打磨前	0.178	—	0.103	—	0.095	—
		打磨后	0.052	70.8	0.046	55.3	0.050	47.4
T_3	450	打磨前	0.145	—	0.160	—	0.087	—
		打磨后	0.033	77.2	0.072	55.0	0.035	59.8
T_4	350	打磨前	0.350	—	0.167	—	0.077	—
		打磨后	0.095	72.9	0.070	58.1	0.030	61.0
均值				69.7		54.9		56.5

2. 轮缘磨耗

HXN5 型机车车轮轮缘磨耗速率由打磨前 0.59 mm/月下降为 0.10 mm/月，降幅高达 83.1%，见表 9—6。通过采用廓形打磨和机车轮缘润滑(打磨前也在使用润滑)，HXN5 型机车轮缘磨耗速率得到了明显降低，且磨耗速率控制良好，有效延长了车轮镟修周期和使用寿命。

表 9—6　HXN5 型机车车轮轮缘厚度打磨前后磨耗速率对比

磨耗指标	打磨前	打磨后	减小率(%)
9 台机车车轮轮缘磨耗速率均值(mm/月)	0.59	0.10	83.1

3. 线路动态指标

K70 ~ K86 区段打磨前后轨道质量指数(TQI)情况对比如图 9—6 所示，打磨后降低了 15.4%，打磨对 TQI 指标有较为明显改善。

打磨前后轨道检查车动态指标对比情况如图 9—7 所示，打磨后高低、轨向、水平以及三角坑较打磨前均有所降低，其中高低降低了 12.5%，轨向降低了 12.1%，水平降低了 9.4%，三角坑降低了 12.5%。

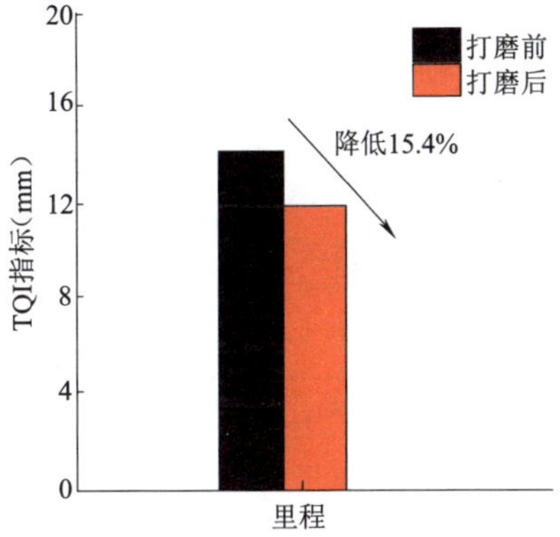

图9—6　K70～K86 打磨前后 TQI 对比

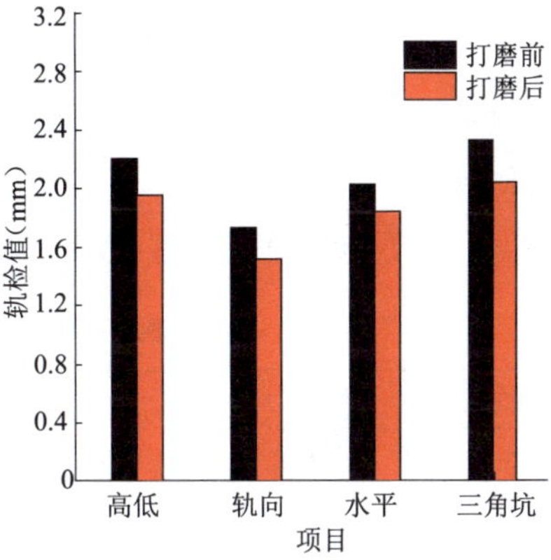

图 9—7　K70～K86 轨检指标

该线路 K70～K86 区间打磨前后轨道检查车动态指标扣分对比情况见表 9—7，打磨后轨检扣分较打磨前明显降低，三角坑扣分降低了 73.6%，高低扣分降低了 84.2%，水平振动加速度扣分降低了 51.3%，公里总扣分降低了 47.4%。

表 9—7　K70～K86 线路扣分情况对比

指　　标	三角坑扣分	高低扣分	水平振动加速度扣分	公里总扣分
打 磨 前	53	57	195	452(主要扣分项为水平振动加速度)
打 磨 后	14	9	95	238(主要扣分项为水平振动加速度)
减小率(%)	73.6	84.2	51.3	47.4

五、曲线地段钢轨波磨

(一)概述

××线为客货混运线路，上行年通过总质量约 134.965 Mt，全线铺设钢轨为 U78CrV 淬火轨。上行 K62 ~ K65 区间内小半径曲线上股钢轨剥离掉块等疲劳伤损严重，个别曲线上股钢轨伴随严重的波磨，曲线下股钢轨有压溃肥边，轨顶严重掉块。

该区间于 2015 年 11 月进行第 1 次钢轨廓形打磨，并设置了5 条观测曲线（C_1 未打磨），自 2015 年 12 月至 2017 年 11 月共进行了 9 次观测。其中 T_2 和 T_3 于2016 年 8 月进行了第 2 次廓形打磨，T_1 ~ T_3 于 2017 年 6 月进行了第 3 次廓形打磨。观测曲线信息见表 9—8。

表 9—8　上行观测曲线信息

曲线编号	C_1	T_1	T_2	T_3	T_4
曲线位置	K62 + 570	K63 + 390	K63 + 480	K64 + 270	K64 + 540
曲线半径(m)	620	630	440	600	340
打磨情况	2017 未打磨	2016. 08 2017. 06	2015. 11 2016. 08 2017. 06	2015. 11 2016. 08 2017. 06	2016. 08 2017. 06

（二）整治过程

1. 使用 GMC-96B 型钢轨打磨列车进行曲线波磨整治。

2. 打磨流程：打磨过程中采用上下股非对称打磨方案，因上下股与设计廓形偏差值均在 1 mm 以上，尤其是下股轨头基本呈凹形磨耗，因此先修正上股轨顶廓形、修正下股内外侧廓形，打磨 4 遍。廓形打磨到位后上下股全覆盖打磨处理波磨，波深 1. 2 mm 左右，打磨 6 遍。整体打磨 10 遍。

3. 说明：受钢轨打磨列车恒压磨削特性影响，波磨一旦形成以后将无法通过打磨彻底消除，打磨后轨面仍残留 0. 2 mm 左右的波磨，但轨面状态和轮轨作用力等已大幅改善。

（三）整治效果

1. 轨面病害

上行 K64 + 540 处打磨前后曲线上股钢轨波磨情况对比如

图 9—8所示，打磨前上股波磨严重、波谷位置掉块明显，打磨后波磨完全消除、轨面状态良好。

（a）打磨前

（b）打磨后1个月

图 9—8　打磨前后曲线上股钢轨波磨情况对比

上行 K64 + 540 处打磨前后曲线钢轨表面状态如图 9—9 和图 9—10所示，打磨前曲线下股轨顶掉块较深，打磨后掉块完全消除，光带位置居中、宽度合理。

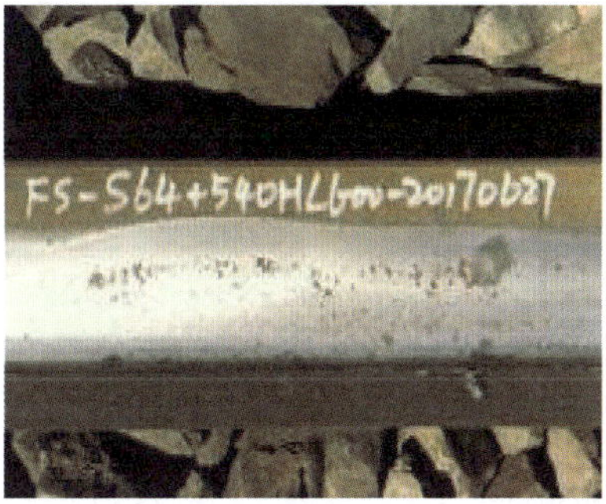

（a）打磨前

（b）打磨后

图 9—9　打磨前后曲线上股轨顶掉块情况对比

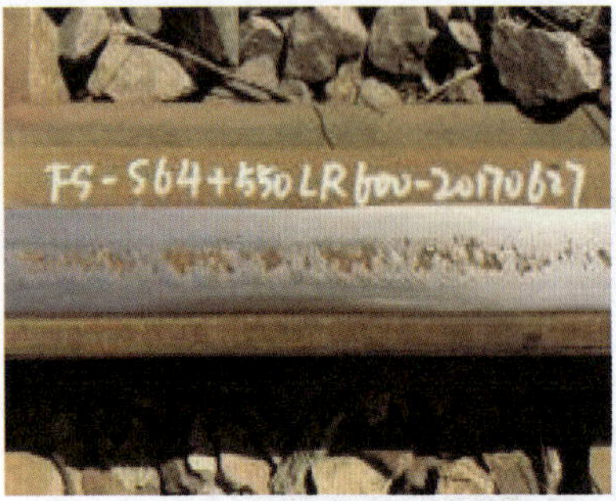

（a）打磨前

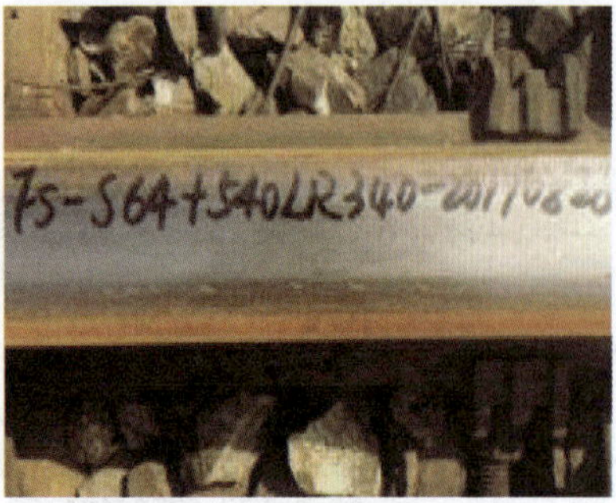

（b）打磨后

图 9—10　打磨前后曲线下股轨顶掉块情况对比

2. 维修工作量

下行 K71 + 218 ~ + 878 为半径 595 m 的小半径曲线，于 2009 年 8 月大修换轨，该曲线自 K71 + 620 起至曲线终点在 46 号隧道内，隧道内 2016 年 8 月换枕，K71 + 600 ~ + 700 区段曲线上股波磨严重，最大谷深达 1. 4 mm。2017 年 8 月对该曲线进行廓形打磨，打磨后最大谷深 0. 1 mm，钢轨 GQI 指标达 90 以上。

该地段打磨后波磨基本消除、轮轨关系得到改善，轮轨作用力大幅度减小、轮轨噪声显著降低，维修成本大幅降低，主要体现在以下几方面。

(1)打磨前轮轨振动明显，导致轨距拉杆松动甚至折断，约 15 天就要更换1 根；打磨后 4 个月尚未更换。

(2)打磨前胶垫歪斜、窜出现象严重，更换周期约 45 天；打磨后 4 个月尚未更换。

(3)打磨前个别地段弹条折断，更换周期约 7 天；打磨后更换周期延长至 20 天以上。

(4)捣固工作量显著减小，打磨前平均每 3 ~ 5 天就需要对波磨地段进行人工捣固作业，打磨后工区对该地段只进行常规的保养性捣固，1 ~ 1. 5 个月一次。

打磨后，维修周期明显延长，部件伤损基本消除，维修工作量和维修成本降低。

第二节　道岔钢轨打磨案例

一、岔区晃车

（一）概述

××线××站下行南岔区长期存在晃车的情况，2017 年 3 月现场调查发现部分道岔的左右股廓形和光带存在不对称现象，钢轨光带较宽，宽度普遍在 40 mm 以上，轨距角有斜裂纹，如图 9—11 所示。

（a）左股

（b）右股

图 9—11　12 号道岔左右股轨面光带

（二）整治过程

1. 采用 CMC-20 型道岔打磨车进行打磨，打磨主要目的为修复岔区廓形，消除岔区疲劳伤损病害。

2. 岔区直股钢轨廓形的一致性和对称性较差，钢轨作用边廓形相比设计廓形偏差较大，光带偏内。由于岔区轨件较多，不同轨件的钢轨廓形差异较大，需要对每根轨件单独设计打磨方案。平均打磨遍数为 16 遍，个别位置需要打磨 20 ~ 23 遍。首先对岔区进行贯通打磨，先基本修复遍数较少位置的钢轨廓形，然后对遍数较多、廓形差异较大位置进行单独打磨，最后采用 2 ~ 3 遍轨顶模式，对岔区进行贯通打磨，以消除砂轮起落位置的不平顺问题。

（三）整治效果

1. 轨面状态

打磨前后钢轨轨面状态对比如图 9—12 所示，打磨前左右股光带较宽，并且左右股宽度不一致，钢轨光带区域也延伸至轨距角处。打磨后左右股光带宽度变窄，宽度基本一致，光带位于中间靠内的位置，对称性较好，轨距角处轮轨不再接触。打磨前轨距角位置存在的鱼鳞状剥离裂纹病害全部消除。由于改变了轮轨接触位置，轨距角处的鱼鳞状剥离裂纹不再出现，延长了岔区轨件的使用寿命。

（a）左股打磨前

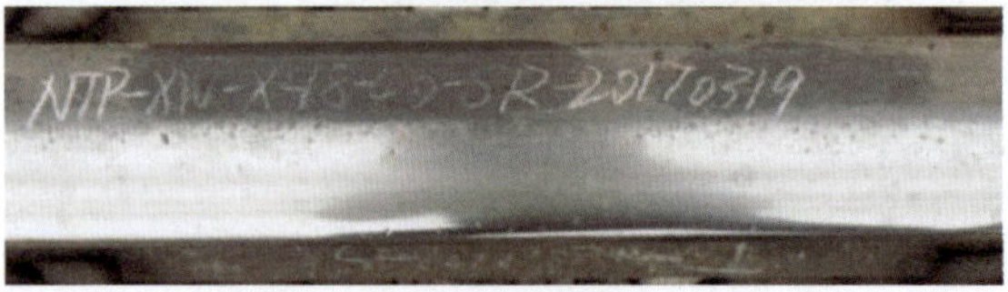

（b）右股打磨前

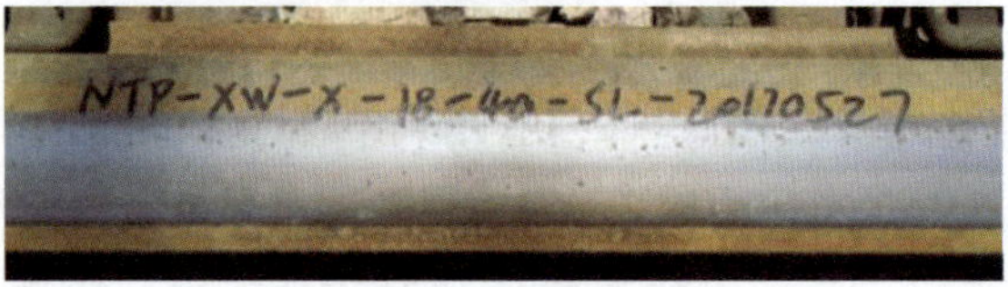

（c）左股打磨后2个月

图 9—12　下行 18 号道岔 40 号轨枕处钢轨打磨前后轨面状态

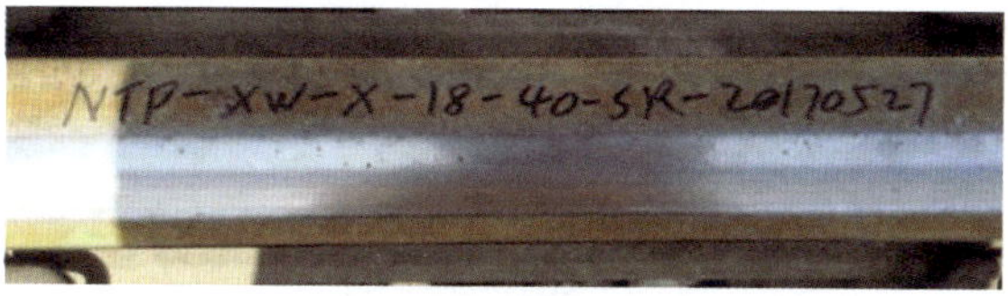

（d）右股打磨后2个月

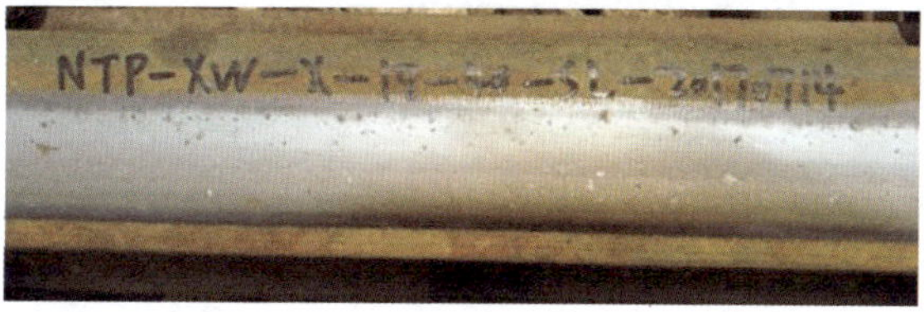

（e）左股打磨后4个月

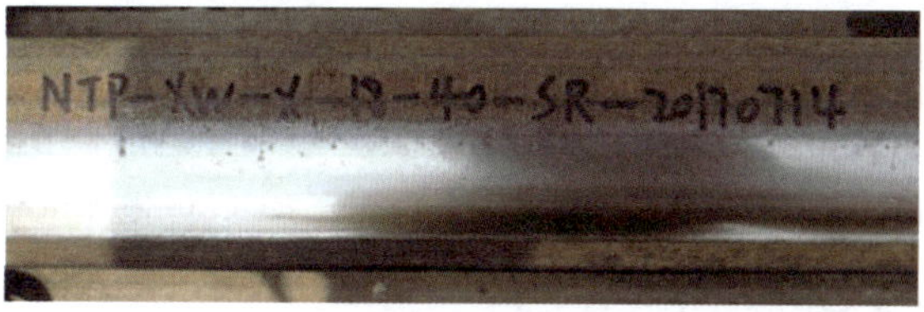

（f）右股打磨后4个月

（g）左股打磨后8个月

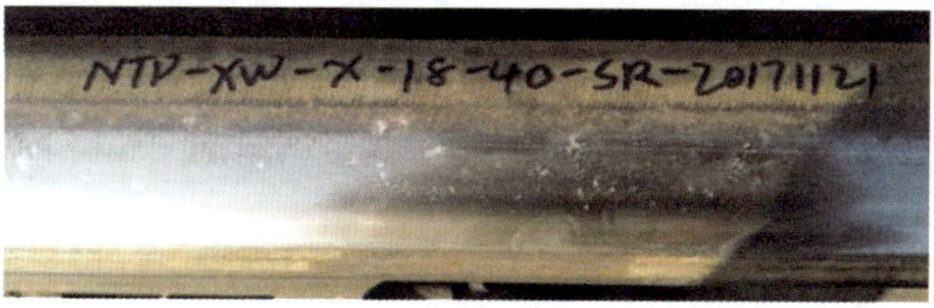

（h）右股打磨后8个月

图 9—12　下行 18 号道岔 40 号轨枕处钢轨打磨前后轨面状态(续)

（i）左股打磨后15个月

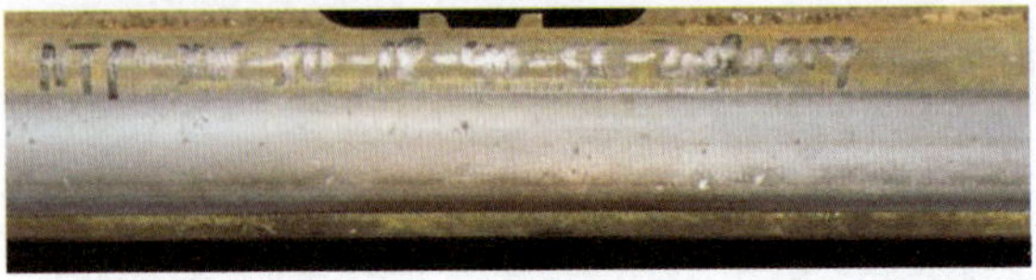

（j）右股打磨后15个月

图9—12　下行 18 号道岔 40 号轨枕处钢轨打磨前后轨面状态（续）

2. 线路动态指标

通过道岔钢轨打磨前后 TQI 对比分析，三处岔区的 TQI 值均降低，最大降低了 27%，平均降低了 21%，说明打磨后线路动态平顺性得到改善，线路质量得到提升，如图 9—13 所示。

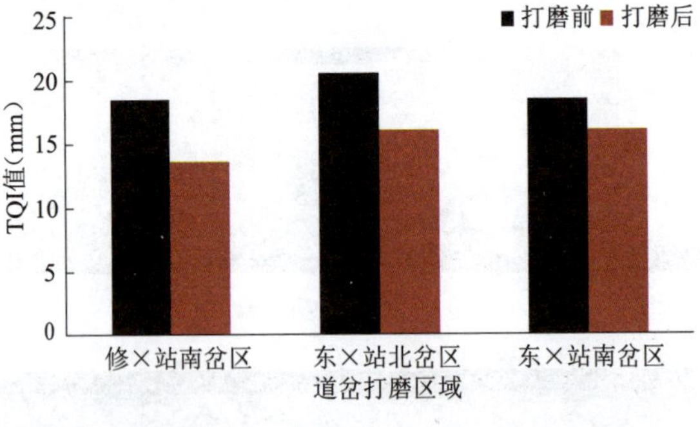

图 9—13　打磨前后 TQI 值变化情况

3. 车载数据

通过本次打磨减小了左右股廓形差异，改善了岔区钢轨的纵向不平顺，横向、垂向振动加速度超限次数大幅下降，见表 9—9。

表 9—9　打磨前后 19 天内水平振动加速度和垂向振动加速度超限统计情况

项目		日期		
		打磨前 19 天内（3.1～3.19）	打磨后 19 天内（3.21～4.8）	减小率（%）
横向振动加速度	Ⅰ级超限次数	30	9	70.0
	Ⅱ级超限次数	13	1	92.3
垂向振动加速度	Ⅰ级超限次数	5	4	20.0
	Ⅱ级超限次数	3	1	66.0

二、道岔车载式线路检查仪报警

（一）概述

2017 年底，××局××线下行 K211＋500（12 号道岔）处频繁出现车载式线路检查仪报警（水平振动加速度Ⅱ级），水平振动加速度最大峰值为 0.14g，72 h 重复次数达 18 次。2017 年 12 月 29 日进行了现场调查。

1. 该组道岔几何尺寸、框架尺寸良好。

2. 心轨和岔后钢轨廓形对称性、一致性偏差较大。

3. 道岔中部至岔后 20 m 范围内左右股钢轨光带不居中，且交替变化，可动心轨处长心轨轨距角处轮轨接触痕迹明显。

4. 查看最近一次轨道检查车波形图，发现可动心轨处，横向振动加速度波形不良。

（二）整治过程

2018 年 1 月对该道岔进行了全方面调查，测量了钢轨廓形和尖轨心轨降低值，分析了岔区光带、车载式线路检查仪数据、轨道检查车波形图、岔区线形线位。本次计划采用 CMC-20 型道岔打磨车进行打磨，主要打磨目的为减小廓形差异，提高廓形 GQI 指标，优化岔区轮轨接触关系。

CMC-20 型道岔打磨车实际作业速度为 7 km/h，功率比为 70%，单侧可用 8 个打磨电机。打磨时优先对岔区廓形差异较大的钢轨进行打磨，打磨遍数不大于 6 遍；然后对岔区进行贯通打磨，修正岔区钢轨廓形，打磨遍数不大于 10 遍；最后采用全覆盖模式对1/4岔区进行贯通打磨，提高岔区平顺性，打磨量不小于 0. 1 mm。

(三)整治效果

打磨后水平振动加速度Ⅱ级扣分减小了约 98. 4% 且后续保持稳定，见表 9—10，解决了水平振动加速度报警问题。

表 9—10　车载晃车仪水平振动加速度Ⅱ级扣分数量统计

年份	月份	岔前 60 m	尖轨	连接部分	心轨前端	心轨后端	岔后 60 m	合计
2017	10 月	0	3	28	6	2	47	86
	11 月	0	4	11	3	5	39	62
	12 月	3	4	21	2	4	74	108
2018	1 月	6	1	46	32	21	139	245
	2 月	1	0	1	0	0	3	5
	3 月	0	0	1	0	1	2	4
	4 月	0	1	1	2	0	2	6
	5 月	0	1	5	2	0	6	14
	6 月	0	1	5	0	1	3	10
	7 月	0	1	2	0	0	6	9
	8 月	0	1	10	0	0	7	18
	9 月	0	1	2	3	1	3	10
	10 月	0	0	3	0	1	6	10
	11 月	0	0	4	4	3	7	18

三、道岔尖轨和心轨打磨

(一)概述

××线××站上行东岔区部分道岔尖轨与基本轨的组合廓形与设计廓形偏差较大，尖轨与基本轨磨耗严重，基本轨还存在明显的塑性流动，实测降低值与标准值存在偏差，轨面存在严重的疲劳伤损病害，具体情况如下：

1. 尖轨与基本轨组合廓形与设计廓形偏差较大，轮轨接触关系不良。直尖轨轨面宽度 20 mm 处，曲基本轨高出尖轨 1～1.7 mm。

2. 轨面状态不良，直尖轨断面宽度 30～50 mm 间，存在严重的斜裂纹掉块病害。

3. 降低值不良，降低值偏差值在 0.1～1.5 mm 和 –0.1～–0.9 mm 范围内（“ –”表示实测降低值小于标准值），降低值偏差最大位置为直尖轨轨面宽度 50 mm 处。

（二）整治过程

2018 年 8 月对道岔尖轨和心轨进行了调查，设计了道岔尖心轨组合廓形以及基本轨廓形。通过对比实测钢轨廓形与设计廓形，制定了道岔采用小机打磨方案。方案设计时优先对岔区钢轨廓形偏差较大的钢轨进行处理，然后再对转辙区、辙叉区进行贯通处理。打磨过程中做到少打、勤测，避免出现过打磨。打磨后对转辙区、辙叉区平直度进行测量，确保岔区平直度满足要求。

（三）整治效果

2018 年 11 月 1 日，打磨后 3 个月，通过总质量约 28 Mt，对小机打磨后的道岔进行了观测。尖轨 35～50 mm 断面间的掉块病害未有明显发展，轨面剥离掉块病害得到较好的治理与控制，如图 9—14 和图 9—15 所示。

（a）打磨前

图 9—14　道岔直尖轨 35～50 mm 断面间打磨前后轨面状态变化情况

（b）打磨后3个月

图 9—14　道岔直尖轨 35 ~ 50 mm 断面间打磨前后轨面状态变化情况（续）

（a）打磨前

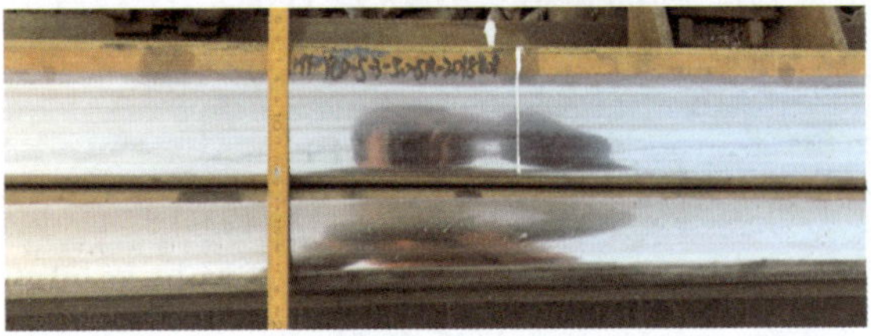

（b）打磨后3个月

图 9—15　道岔直尖轨 50 mm 断面打磨前后轨面状态变化情况